PAUL MORAND

Un évadé permanent

GABRIEL JARDIN

PAUL MORAND

Un évadé permanent

BERNARD GRASSET
PARIS

A Nush

*Enjoy your achievements as well as
your plans.*

Auteur anglais anonyme.
XVIIe siècle

INTRODUCTION

Toute sa vie, Morand aura été, d'une certaine manière, un homme en fuite. Ses détracteurs, du moins ceux qui, tout en rendant hommage à l'œuvre, vilipendent l'homme, ne se sont pas privés de le remarquer, parfois avec virulence.

Evadé de quoi? Evadé de qui...? aurait-on envie d'ajouter.

De presque tout. De sa carrière diplomatique dont il a su admirablement se mettre à l'écart pour répondre à son besoin d'écrire; de devoirs qu'il jugea superflus, en particulier ceux qui sont inhérents à la vie de famille, voire de couple; de la guerre, qui lui faisait horreur, comme toute forme de lutte ouverte entre les hommes; de ce qui trouble la vie et la capacité d'observer et de sentir, donc des importuns, mais aussi des fâcheux, des conversations qui s'enlisent, des questions trop abruptement métaphysiques ; de ce qu'il appelait « la tyrannie des femmes » ; de l'inquisition de certains amis ; des moments jugés sublimes enfin, qu'il faut abréger avant qu'ils ne s'altèrent ; et de lui-même sans aucun doute puisque, ayant appris à se méfier des autres, il en était venu à tenir sa propre personne en suspicion.

Un domaine cependant ne le vit jamais fuir, ce fut celui du travail. Ecrivain prolifique (Michel Déon le qualifie de « grand travailleur »), Morand a prouvé par l'ampleur, la diversité et la magnificence de son œuvre, qu'il ne s'est pas évadé de ce qu'il savait être une vocation.

De ces évasions multiples a procédé une vie faite de contrastes violents, où chaque fuite avait pour corollaire une vertu, ou plutôt un don paradoxal qu'il a su cultiver.

Ainsi l'éternel « homme pressé » a-t-il su prendre son temps. S'il n'écoutait guère les propos des autres, du moins en apparence, il y avait en lui une perception des êtres souvent très sûre.

Chez lui, peu voire pas du tout de vision politique et sans doute guère le sens de l'Etat, en dépit de ses brillants débuts au Quai d'Orsay, mais une capacité à voir parfois de façon prophétique l'Histoire qu'il connaissait et évoquait avec justesse.

Fuyant devant les êtres humains (certains l'ont dit couard), il était en revanche le courage même devant la nature. Avec les femmes, qu'il adorait, il fut coureur, connut de multiples aventures mais demeura jusqu'à la mort fondamentalement fidèle à une seule d'entre elles, la sienne.

On l'a connu mondain, fréquentant tout ce qui comptait dans la société de son temps, aimant rencontrer le « beau monde », briguant l'Académie. Mais au fond, il était sauvage, insaisissable. S'il aimait le luxe, les fêtes brillantes, il fut aussi l'ermite de Maryland (en Suisse), ou de Tanger. Question d'époque et de phases de vie.

Son incapacité à affronter les enfants fut proverbiale (névrose, égoïsme ?). Mais la part d'enfance ayant subsisté en lui a fait de sa personne un homme capable, de par son insatiable curiosité, d'apprendre et de jubiler jusqu'à la fin.

Ainsi ce grand écrivain fut-il un homme souvent mal aimé. Il m'a paru intéressant d'essayer de comprendre pourquoi.

J'ai connu Paul Morand dès ma petite enfance, en raison de l'amitié personnelle qui l'avait lié à mon père dès les années trente, puis d'une affinité partagée par la suite entre les deux couples, le sien et celui que formaient mes parents, amitié complexe, orageuse, tantôt ouverte tantôt exclusive de l'un ou de l'autre des quatre protagonistes. Il était mon parrain.

Je dois à la vérité de dire que ce parrainage n'a véritablement fonctionné qu'au cours de deux phases distinctes : mon adolescence où, sorti de l'enfance qu'il proclamait abhorrer, j'étais devenu fréquentable. Je le rencontrai alors le plus souvent en Suisse où j'habitais avec mes parents et où Hélène et lui passaient la belle saison dans ce caravansérail qu'était le Château de l'Aile, à Vevey ; c'est à cette époque que je tirai profit de ses dons d'écuyer quand il m'apprit à monter à cheval.

Au printemps 1975, peu après la mort de son épouse, et alors que je vivais et travaillais à Paris, il sut que je cherchais à me loger et m'offrit de venir habiter auprès de lui un studio attenant à l'espèce d'appartement-cathédrale où il vivait, avenue Charles-Floquet, près du Champ-de-Mars. C'est là que durant ce qui devait être la dernière année de sa vie, j'eus le privilège de passer le voir presque chaque soir, en rentrant du bureau.

Nous bavardions quelquefois cinq minutes, quelquefois une heure. J'entrevoyais les allées et venues des amis et des familiers qui lui rendaient visite. Et puis, il y eut ces deux brefs voyages où j'eus la joie de l'emmener, la première fois dans le Val de Loire, la seconde, peu avant sa mort, en Bretagne.

C'est de cet être insaisissable et de ces quelques moments qui ont marqué ma jeunesse que je voudrais rendre aujourd'hui témoignage.

Impatience et contemplation

« Dépêche-toi, me dit-il la veille du départ, vers neuf heures du soir, va vite te coucher ! » Il m'avait fait part de son désir de revoir « une dernière fois » les châteaux de la Loire. J'avais aussitôt réservé un week-end à ce projet, fin mai 1975.

« Nous nous lèverons vers six heures et quart, ajouta-t-il, comme je le fais chaque jour. Ce sera bien. » J'acquiesçai et m'endormis avec peine, en proie à l'excitation que me procurait cette escapade à deux.

Milieu de la nuit : je suis réveillé par des cris, provenant de l'étage du dessous. A tâtons, j'entrouvre ma porte, reconnais la voix de Paul. Nuit noire. Inquiet, le croyant malade, je balbutie une vague question :

« Oui, qu'y a-t-il ?

— Descends vite, nous partons !

— Mais, dis-je en regardant mon réveil, il est à peine quatre heures !

— C'est épatant, nous éviterons les embouteillages ! »

C'est vrai, il était toujours pressé. Ou plutôt toujours en avance d'une mesure sur ce qu'il voulait faire, par peur de ne pas disposer d'assez de temps pour jouir pleinement des instants à venir. Certains d'entre nous courent parce qu'ils sont perpétuellement en retard, ou parce qu'ils font tout avec précipitation, pour se débarrasser des choses ; lui, il était en avance au starting-block pour mieux être contemplatif une fois la course commencée.

Je le rejoignis un quart d'heure plus tard dans la cuisine, pour le petit déjeuner. Il était surexcité, entrouvrait la fenêtre pour regarder s'éteindre les étoiles, traçait verbalement notre itinéraire, calculait déjà le délai pour atteindre le lieu du repas de midi, de la sieste indispensable, récapitulait nos buts de voyage puis ajoutait, comme pour se rassurer sur toute cette programmation : « Il va faire beau ! Nous irons aussi loin que possible pour voir ce qui nous tombera sous la main, et lorsque nous serons rassasiés, nous nous arrêterons là où nous nous trouverons. »

A cinq heures moins le quart, je descendis après avoir hâtivement bouclé mon bagage. Il m'attendait dans le hall gigantesque de son appartement, assis très droit sur une chaise Louis XIII, elle aussi très droite, rasé de frais, vêtu d'un pantalon de toile et d'un blouson. Un léger tapotement de sa main sur l'accotoir trahissait une impatience qui me fit honte de m'être mis en retard.

Une aube blonde se levait sur le Champ-de-Mars. Sa voiture était garée devant la porte. Une Alfa Romeo toute neuve, modèle GT sport, garniture de drap beige à l'intérieur, dernier coup de cœur dans sa passion pour l'automobile.

« La sortie de Paris est toujours difficile, je prends le volant et te le céderai vers Etampes ou Arpajon », me dit-il – j'avais vingt-neuf ans et conduisais depuis l'âge de dix-huit. « Il faut aussi que j'écoute le bon fonctionnement des soupapes. »

Il chaussa une paire de petites lunettes rondes, avança son siège au maximum et, dès l'approche de la porte d'Orléans, se mit à zigzaguer énergiquement entre les voitures. Je n'étais qu'à moitié rassuré, songeant qu'il existait une probabilité tout à fait raisonnable pour qu'il eût un éblouissement, un vertige ou une défaillance quelconque.

Quelques dégagements fulgurants, à gauche, à droite et de belles accélérations sur trois ou quatre cents mètres me firent serrer les fesses.

La banlieue enfin dépassée, il traversa un village, emprunta une route secondaire qu'il connaissait parfaitement et s'arrêta sur le bas-côté : « Le plus difficile est fait ! Je te cède la place, maintenant, tu vas avoir le plaisir de conduire. » J'étais à la fois humilié, soulagé et ravi de pouvoir tout de même piloter le monstre.

Un beau moteur seize cents centimètres cubes, souple et vif, une boîte de vitesses admirable, des sièges « baquets » particulièrement fermes, une suspension plutôt raide, il fallait éviter les cahots et être toujours dans le bon régime… Le rêve à vingt-neuf ans, mais à côté de moi, aussi et toujours, c'était évident, à quatre-vingt-sept !

« Tu sens, me dit-il, c'est un cheval de sang ! Lâche la bride, contrôle tes aides, en avant, que diable ! » Je revivais mes promenades à cheval avec lui, lorsque j'avais quatorze ans, dans la plaine du Rhône en Suisse. Même pédagogie et même ferveur de part et d'autre.

Le déjeuner fut pris dans une auberge, à Cheverny. Il me parla des châtelains.

« Vous n'allez pas les saluer ? lui demandai-je.

— Surtout pas ! Ce voyage est voué au regard, pas aux parlottes. »

J'acquiesçai. Le dessert à peine avalé, il entreprit immédiatement les démarches nécessaires à l'accomplissement d'un rite devenu pour lui essentiel depuis fort longtemps : sa sieste. On se mit en quête d'un endroit ombragé et calme, vite trouvé, où je garai la voiture le long d'une butte à l'orée d'un petit bois.

« C'est mauvais pour la digestion, mais ça prolonge la vie de dix ans », me dit-il, en se lovant en chien de fusil sur l'étroite banquette arrière de la voiture. Ce devait être prodigieusement inconfortable.

J'allai marcher le long de la rivière voisine. Lorsque je revins une demi-heure plus tard, il dormait toujours.

Cinq minutes après, il s'éveillait, s'extrayait un peu laborieusement de son gîte improvisé, faisait quelques élongations. « Ça coince légèrement dans les articulations, dit-il, s'apercevant que je constatais sa difficulté à se remettre d'aplomb, mais ce n'est rien à côté de ce que ce serait si je ne faisais pas une heure de gymnastique chaque matin ; d'ailleurs, sinon, c'est la petite voiture à cinquante ans, souviens-toi de ça ! »

Il avait une façon impérieuse de marteler sa phrase lorsqu'il affirmait ce qu'il considérait comme une règle de vie. On sentait alors qu'il ne fallait surtout pas entrer en discussion.

Il fit quelques pas, de cette démarche étrange que lui avait acquise la pratique de plus de soixante-dix ans d'équitation, les jambes arquées « en manche de veste », comme il le remarquait lui-même.

L'étape suivante fut Blois et le célèbre escalier de son château. Paul y jeta un œil, me représenta l'exquise élégance des reliefs, voulut revoir le cabinet de Catherine de Médicis et ses étranges armoires secrètes où les conspirations italiennes celaient déjà, annonçant Mazarin, les secrets d'Etat et les intrigues de Cour.

Nous passâmes devant Chaumont sans nous y arrêter. « Trop de mâchicoulis », dit-il.

De même, Amboise nous vit venir sans vraiment faire de pause. Nous fîmes le tour du château, lentement, tandis que la lumière des bords de Loire commençait, en ce milieu d'après-midi, à prendre sa douceur caractéristique.

« Parfois, il faut savoir ne pas s'arrêter, dit-il,

mais regarder, goûter en un instant ce qu'on a sous les yeux. C'est exactement ce que j'ai fait l'an passé lorsque je suis allé au musée de Naples, rien que pour revoir un portrait de l'école napolitaine du XVIIe : je suis passé devant, très lentement, mais sans me poser, le regard tour à tour oblique et perpendiculaire, puis de nouveau oblique. Cela m'a suffi. »

Il voulut me montrer les jardins de Villandry que je ne connaissais pas encore. Je sentais combien il était enchanté de m'amener sous sa gouverne à découvrir ce qu'il aimait. Ce goût, qui remonte à l'enfance, de présenter à ses amis ce qui vous a séduit, ou ému, de le revoir pour le redécouvrir avec eux, je crois qu'il s'est exacerbé en moi au cours des deux voyages que je fis avec lui. Il m'expliqua la structure et la raison d'être de cette tapisserie magique, parla en termes qui prouvaient son exceptionnelle connaissance de l'histoire de l'art et de l'Histoire tout court.

Ensuite, ce fut Ussé, cette immense façade entrouverte qui, tel un décor, fermerait une scène faite pour des géants.

« J'ai toujours adoré cet endroit », remarqua mon guide. Cette fois, nous nous étions arrêtés plusieurs minutes, tandis que dans les prés alentour s'imposait le chant vespéral des grillons. Avait-il eu ici quelque aventure de jeunesse, y avait-il fait une conquête ? Je sentais une palpitation, mais il n'en dit pas plus.

Pour ma part, j'espérais voir Saumur ; il m'aurait parlé du Cadre noir, nous aurions communié dans l'évocation de Milady et du commandant Gardefort. Mais la journée touchait à sa fin en atteignant Montsoreau.

On pénètre dans le bourg par l'étroite route qui, sur la rive gauche de la Loire, serpente entre les levées herbues et les hauts murs de tuffeau. Les maisons y sont, aujourd'hui encore, bâties à l'aplomb de la chaussée, sans aucun retrait. Après avoir longé le château, je garai la voiture sur un terre-plein d'où l'on pouvait voir l'autre rive, entièrement dépourvue de constructions et où les bois bruissaient à cette heure de centaines de chants d'oiseaux. La lumière, déclinante, était entre rose et parme. Paul sortit et demeura un long moment silencieux, assis sur le muret qui surplombait le fleuve : « Il est inutile d'aller plus loin, me dit-il, nous ne verrons rien de plus beau. » Je me tus. « L'homme pressé » me donnait une leçon de contemplation. Aucun de mes voyages, par la suite, ne me fera oublier ces instants.

Quelques minutes plus tard, nous entrions dans l'auberge locale, située sur le même quai. Paul retint deux chambres, demanda si l'on pouvait dîner. Le lieu était simple mais bien tenu et de bon aloi. On nous servit une alose, finement accommodée.

« C'est le poisson de la Loire par excellence, tu vas m'en dire des nouvelles. » C'était délicieux, avec mille arêtes qui ont bien failli anéantir très vite mon appétit.

Il voulut comme toujours se coucher tôt. Je me souviens que l'unique escalier qui donnait accès à l'étage était si raide qu'il fallut en quelque sorte hisser mon illustre compagnon de route jusqu'en haut. L'aubergiste était passé devant lui et lui tenait les bras tandis que je prévenais juste derrière le risque d'une éventuelle chute. Il devait être dix heures. Je lui souhaitai bonne nuit et redescendis me promener le long du fleuve, sombre et silencieux, où seules brillaient un peu plus loin les immenses murailles du château illuminé.

Le lendemain, à sept heures, nous nous retrouvions en bas pour le petit déjeuner. Son sac de voyage était à côté de lui.

« Alors ? questionnai-je.

— Alors nous rentrons. C'était exactement

comme je le souhaitais, poursuivit-il. Ne gâchons pas tout en y ajoutant des choses qui seront forcément moins bien. Et puis, nous sommes dimanche, le retour d'après-midi sera comme toujours abominable, il faut donc le plus vite possible aller se terrer aux Hayes[1] et n'en surtout plus bouger. »

J'étais un peu déçu de cette hâte, mais la perspective de passer le reste de la journée aux Hayes n'était pas déplaisante. Paul m'avait invité à deux ou trois reprises en fin de semaine dans ce repaire soigneusement caché aux yeux du monde. Il avait acheté juste avant la guerre une grange et ses dépendances situées en bordure de la forêt de Rambouillet. Hélène et lui les avaient arrangées par la suite de façon très personnelle, laissant au bâtiment principal toute sa hauteur intérieure, garnie de livres et d'objets glanés un peu partout, créant dans la cour un jardin à la française où de hautes haies de buis imposaient au visiteur une sorte de labyrinthe incontournable.

Derrière la maison, un autre jardin, plus aimable, conduisait à une chambre indépen-

---

1. Nom de la maison de campagne de Paul Morand à Bourdonné, dans les Yvelines.

dante où j'eus le privilège de dormir, après Roger Nimier, Jacques Chardonne et quelques autres. Une clairière prolongeait le jardin, tandis qu'au-dehors la ruelle qui avait mené à la maison se muait en allée sablonneuse se perdant dans l'immense forêt voisine.

Nous sommes donc rentrés, très vite, et sommes allés, avec délice, « nous terrer » derrière le haut portail de bois massif, les grands murs couverts de charmille et le labyrinthe. Là, j'étais, bien que la configuration en fût tout autre, l'hôte de la maison de Zéphyr, le petit singe ami de Babar, dont la famille habite le sommet d'un arbre, et d'où l'on voit le monde sans être vu de lui.

Le courant d'air et le faucon

Un courant d'air dérange sans prendre en considération le trouble qu'il provoque : il ouvre les fenêtres entrebâillées, claque les portes, soulève et mélange les papiers soigneusement rangés sur la table, apporte parfois jusqu'à vous la rumeur voisine. Un courant d'air peut vous souffleter, il ne s'excusera pas, il n'a pas à s'excuser. Ainsi était Paul Morand.

Les après-midi d'été, j'accompagnais ma mère au Château de l'Aile, à Vevey, dans les visites qu'elle rendait à Hélène, l'épouse de Paul. J'avais dix ans, on me donnait encore une chaise d'enfant et des livres avec des images. Je comprenais qu'il fallait que je demeure silencieux dans mon coin, tandis qu'Hélène, étendue sur le sofa du grand salon, achevait d'entendre à la radio un concerto de Beethoven et commençait avec ma mère une conversation où il était question de la poésie de Schiller et des dernières péripéties affectant le cercle d'amis qu'elle fréquentait à Lausanne.

Tout à coup, la porte de la chambre de Paul s'entrouvrait, il passait la tête : « Il fait chaud, disait-il d'un ton péremptoire, il faut conduire immédiatement cet enfant auprès de Madame Robert et lui donner un verre de sirop. » J'avais eu l'imprudence de confesser un jour que le sirop de cassis me plaisait. Depuis lors, à peine arrivé, le recours instantané à ce rafraîchissement s'imposait sans la moindre question préalable. On aura compris que « Madame Robert », ainsi identifiée par le prénom de son mari, était la cuisinière.

Je connaissais la maison. Devançant les ordres, je bondissais de ma chaise, entreprenais de rejoindre seul la cuisine par le dédale de salons, couloirs, antichambres qui se succéderaient sur mon parcours. En quittant la pièce où siégeaient les grandes personnes, je devais tout d'abord traverser le couloir, long et sombre, qui reliait la porte d'entrée à la véranda donnant sur la terrasse et le quai. Seul ce côté, fermé par des portes à vitraux, jetait quelque clarté. Ce couloir, meublé de bahuts, de chaises à dossier gothique, de coffres en cuir de Cordoue, de carpettes usées glanées dans les bazars du Maroc ou d'Afghanistan, était le repaire des chiens de la maison, deux chows-chows eux aussi très râpés en lesquels j'entrevoyais, dans la pénombre du terrible couloir, deux lions que l'âge avait changés en descentes de lit mangées par les mites. Les descentes de lit ne m'en flanquaient pas moins une frousse aussi bleue que leur langue de dragon chinois. Tout l'art de l'expédition vers la cuisine consistait à éviter de réveiller les fauves. Le couloir, comme toute la maison mais à un degré plus prononcé, dégageait une odeur forte, épicée, orientale.

Venait ensuite le salon d'hiver, auquel on accédait par un étroit passage quasi secret. Ce salon ouvrait sur le jardin. Il était orné sur tout un panneau de la tapisserie de Beauvais *L'Audience de l'empereur* : je pouvais demeurer de longues minutes en contemplation devant les Chinois à natte et à robe de soie, les palanquins, les objets précieux, les éléphants pénétrant dans le palais, les serviteurs chargés de présents. La pièce était, avec la salle à manger voisine, la seule qui eût un peu de lumière.

Passé la salle à manger, qui possédait des boiseries et un mobilier de bois clair de style gothique, un dernier couloir en coude donnait accès à l'office et, enfin, à la cuisine. Ces deux dernières pièces, elles aussi, dataient de la «gothification» forcée du château, vers 1850, et n'avaient pas changé depuis lors. Madame Robert, qui pesait cent dix kilos, portait assez bien la barbe et possédait un fascinant chignon de forme pyramidale, très rarement refait, trônait devant le fourneau à charbon.

Ma seule arrivée provoquait la délivrance immédiate du fameux verre de sirop, non sans une certaine mauvaise grâce cependant. Outre celle de Madame Robert, la cuisine était également l'antre des chats, du moins lorsque ces derniers avaient envie de se distraire du salon.

L'absence fortuite de la cuisinière, heureusement rare, me causait quelque inquiétude. Dans ce cas, on devait s'adresser à « Monsieur » Robert, le valet de chambre, long, sec, aussi étroit que sa femme était large. Robert était sourd. Il fallait élever la voix, ce qui finissait en général par l'irriter. De surcroît, il n'avait pas de dents, ce qui perturbait passablement les échanges verbaux. Hélène avait expliqué à ma mère que, détestant porter son dentier, son domestique réservait cet appendice aux réceptions et dîners. Ces jours-là, ayant revêtu son frac, ganté de blanc, redressé et solennel, il se transformait alors au point d'être méconnaissable.

Je revenais au salon. Paul était retourné écrire dans sa chambre, où une simple table recouverte d'un tapis tombant jusqu'à terre constituait son bureau. Peu de choses sur les murs, quelques dessins espagnols du XVIIe, la fenêtre entrouverte sur la place, les lourds rideaux presque toujours tirés. Je me souviens que la couleur verte dominait dans cet aquarium aux relents poivrés.

Paul refaisait irruption, saluant tel jour ma mère, tout en observant à la dérobée comment elle était habillée.

« Bonjour Simone, que nous racontez-vous ?

— Nous sommes montés à Loèche-les-Bains hier avec les Jouvenel[1]. C'était...

— Bravo ! coupait-il aussitôt. Je suis sûr que c'était délicieux. Il faut que j'aille faire le marché avec Robert.

— Mon petit Toutou, interrompait à son tour Hélène, te souviens-tu de ce chintz à fleurs que nous avons vu hier dans le magasin de la

____

1. Bertrand de Jouvenel, écrivain, penseur, économiste, et sa femme Hélène.

place ? J'ai envie d'en acheter une pièce pour un drapé dans ma chambre. »

Il avait déjà disparu. Dix minutes plus tard, il reparaissait, les bras encombrés de trois énormes rouleaux de tissu.

« Tu vas être contente, dit-il à Hélène, j'ai acheté les dix-huit derniers mètres de chintz.

— Au nom du ciel, que veux-tu que j'en fasse ? »

La mine contrite, il posa alors sans mot dire un baiser sur le front de son épouse et sortit. Du balcon, je le vis redescendre avec son valet qui avait emporté des paniers. Il était vêtu d'un vieux pantalon de toile, trop court du fait de cette habitude étrange qu'il avait de remonter le haut du pantalon jusqu'à mi-torse, en attachant sa ceinture beaucoup plus bas, très en dessous des passants. Une chemise d'un vert fané, élimée au col, une casquette américaine et des sandales complétaient une apparence qu'il aimait se donner lorsqu'il était à Vevey. L'apercevant lui, le dandy vénitien des années vingt, remarqué pour son élégance dans les dîners parisiens, un de mes camarades de collège, fils de vigneron, questionnait un jour :

« C'est M'sieur Paul Morand qui vient de passer ? » J'opinai du chef. « Mais, ajouta le collégien avec un accent vaudois que l'indignation portait à son maximum, on dirait un clochard ! »

Oui, Morand se déguisait « en clochard » pour déambuler à bicyclette dans Vevey. Il allait chez le coiffeur du coin, y écoutait furtivement les potins locaux, flânait devant les éventaires sur le marché ; son œil de faucon en revanche ne perdait rien, aucun détail ne passait inaperçu. « Il voyait tout sans rien regarder consciemment », disait de lui Hélène. Avec Robert, il aimait à choisir avec soin les fruits, les légumes, les fromages. Lui-même s'intéressait d'ailleurs à la cuisine et ne dédaignait pas d'y mettre la main. En visite à la maison, il s'attardait devant le fourneau en compagnie de ma mère pour mieux cultiver l'art de réussir le soufflé ou le sabayon.

Après le marché, il remontait faire sa demi-heure de culture physique, torse nu sur la terrasse dominant le lac. A près de soixante-dix ans, son apparence trahissait encore celle de l'athlète qu'il avait décidé d'être dès son adolescence et qu'il avait tout fait pour rester : nul embonpoint pour altérer la silhouette droite, le port de tête altier du cavalier ; il était de taille moyenne, plutôt grand pour sa génération, il marchait vite, comme quelqu'un qui n'aime pas perdre de temps. Son visage, tantôt adulé tantôt détesté des femmes, ne suscitait pas a priori la sympathie des hommes. Les cheveux, blancs et drus malgré l'âge, étaient séparés par une raie de côté et plaqués à la mode de 1925. On a souvent dit que son expression, ses traits eux-mêmes avaient quelque chose d'oriental (« mon masque d'Asiate », reconnaissait-il), révélant une éventuelle ascendance de ce côté-là du monde et que son âme de perpétuel vagabond n'avait nulle envie de renier. Cet aspect exotique était accentué par l'immobilité du visage, contrastant avec le caractère toujours remuant de sa personne. Peu enclin à soutenir longtemps le regard d'autrui lorsqu'il s'exprimait, ses yeux, qu'il avait très noirs, se perdaient vite dans un horizon suivant la pérégrination de sa pensée. L'élocution était nette, précise, un rien appliquée comme celle des gens qui recherchent le terme exact. La voix était grave, parfois un peu rauque. De ses attitudes, de sa perpétuelle propension à s'évader de l'instant présent, se dégageait une impression de distance et de relative froideur. Parce qu'il répugnait au contact physique (à la façon anglaise, il n'aimait guère serrer les mains), la distance était presque toujours avérée, la froideur au contraire, plus apparente que réelle, était en quelque sorte une posture permettant à ce timide de ne pas exposer sa vulnérabilité. A cet égard, le culte du corps, chez lui, a quelque chose d'une armure.

Voulant l'imiter dans ses exercices, je prenais la grosse haltère, celle de huit kilos, et tentais de la soulever malgré son poids excessif pour moi.

« Respire, criait-il, respire ! » Il cherchait à me donner le change gentiment, sans conviction. Maman survenait :

« Vous êtes fou, vous ne voyez pas l'âge de cet enfant ?

— Il faut qu'il forcisse. Envoyez-le à la montagne pour élargir sa cage thoracique ! »

Bien plus tard, lorsque j'eus vingt-neuf ans et que je le vis, une année durant, plusieurs fois par semaine, Paul m'accueillait en me questionnant :

« Tu vas bien, tu es content de ta vie ? »

J'amorçais une réponse :

« J'ai rencontré hier un type remarquable que j'envisage de faire travailler pour le journal (auquel je collaborais à l'époque)…

— Très bien, formidable. Comment vont ton père et ta mère?

— Ils sont... »

Je ne pouvais achever ; il était sorti et je l'entendais poser des questions à la concierge sur la santé de sa perruche.

Pendant un temps, j'ai pensé qu'il ne s'intéressait pas à ce que je disais. Mais je remarquai vite qu'il agissait de même avec presque tout le monde, avec d'infinies et subtiles nuances cependant. Ainsi n'écoutait-il guère ce que pouvait lui dire un nouveau venu. Timide de nature et réservé par éducation (son père ne lui avait-il pas enseigné les adages «souviens-toi de te méfier» et «ton ami d'aujourd'hui peut être ton ennemi de demain»?), marqué par ses séjours de jeunesse en Angleterre, Morand, on l'a vu, répugnait aux familiarités et aux épanchements. A l'observer, on constatait que sa faculté d'attention était inversement proportionnelle à son désir d'écoute. A vrai dire, il se mettait immédiatement «à l'écoute», non pas des paroles, mais du timbre de voix, du mode d'expression, des gestes, mimiques, attitudes, de la mise, des allures de son interlocuteur, pour reprendre une expression équestre qu'il n'aurait sans doute pas désavouée.

Les voix comptaient beaucoup. Je l'entends encore, un soir où je venais de rentrer, m'attraper au passage et me dire, en plaçant son timbre vocal sur un mode suraigu et plaintif :

« Y a une p'tite voix qui t'a téléphoné cet après-midi, l'horrible p'tite voix d'une femme qui voulait t'inviter à dîner. » Il ajouta, grave et intransigeant : « Tu ne vas pas flirter avec une voix comme ça ! Ce serait malsain. »

On pourrait voir là un trait de la misogynie de Morand, telle qu'elle fut remarquée de son vivant et qu'elle revient dans bien des pages de son journal intime. Au fond, sa misogynie n'était jamais que celle de la plupart des hommes à femmes, un agacement de la différence mentale, une exigence et un paravent dissimulant sa dépendance du beau sexe.

Si Morand écoutait peu les inconnus, il faisait cependant un effort pour dialoguer avec des amis ou des familiers dont il respectait la pensée : l'Académie française le voyait fervent mais sur ses gardes, il en connaissait les pièges et les codes et puis, ne l'avait-il pas convoitée tant et tant d'années avant d'y être accueilli ?

Avec François Nourissier, il pouvait parler cheval, tout en chevauchant botte à botte ; avec Jean d'Ormesson, évoquer l'Italie ; avec Michel

Déon, l'Irlande et avec tous ceux-là l'art d'écrire et plus encore les sujets communs d'inspiration. Et puis, il y avait les échanges épistolaires. On sait qu'ils furent nombreux et riches. Entre ses lettres de jeune conscrit à Lisette Haas, jeune femme peintre, objet d'un amour pudique, dans lesquelles il se livre passablement, et son immense correspondance avec Jacques Chardonne, échelonnée entre 1952 et 1968 sur les seize dernières années de vie de ce dernier, combien de confessions, d'interrogations, de complicités vraies ou feintes? Evoquant leur long échange de vues dans un livre publié après sa mort en 1970, Chardonne écrit : « Ce sont des lettres sans pareilles dans tout le passé ; voilà de l'impromptu, un homme à vif, débridé, qui écrit à la diable avec des éclairs sur fond noir [1]. »

Cette correspondance, comprenant près de cinq mille lettres, encore inédite à ce jour, est prétexte à l'extraordinaire épanchement d'un homme ordinairement prudent et avare de confidences. On sait que son principe même s'est poursuivi après la mort de Chardonne sous une autre forme par la rédaction du *Journal*

---

1. Jacques Chardonne, *Ce que je voulais vous dire aujourd'hui*, Grasset, 1970.

inutile que Morand tiendra dès 1968 jusqu'à ses derniers jours[1].

Que se disaient-ils, au juste? Tout ou à peu près tout ce qu'ils avaient envie de dire, une sorte de soliloques croisés qui deviennent parfois dialogue.

Avec Henry Miller, le sujet portait éminemment sur les femmes et la salubrité d'une sexualité destinée à maintenir jeune le plus longtemps possible. Mais ici plus particulièrement, on a l'impression qu'il s'agit davantage de deux confessions entrecroisées que d'un véritable échange d'idées.

Dans la pratique de l'amitié, la préférence de Paul Morand n'en semble pas moins avoir été donnée à la joie de pratiquer une activité commune, galoper, pêcher, gravir un pic, partir à la découverte d'une contrée. Cela, il l'a connu dès son accession à l'indépendance, quand il découvrait le sport, jusqu'aux jours ultimes où, presque à bout de forces, il partait escorté d'un ami, rien que pour éprouver le frémissement du départ.

---

1. De par la volonté de Morand, le *Journal inutile* comme la correspondance avec Chardonne n'étaient pas publiables avant l'an 2000. Le *Journal inutile* a été publié chez Gallimard en 2001, «Cahiers» de la NRF.

Sur ce chapitre, il faut dire que Morand avait aussi la faculté de fréquenter des gens avec lesquels il n'avait apparemment aucune affinité. Si cette attitude chez lui, appliquée à certaines de ses liaisons, a été mise en lumière pour mieux stigmatiser son cynisme avec les femmes, il n'en demeure pas moins qu'elle apparaît aussi en d'autres circonstances : l'exemple le plus éloquent est à cet égard la constante relation qu'Hélène et lui-même entretiendront pendant des années avec Mademoiselle Y, Suissesse, célibataire, fortunée et solitaire.

Mademoiselle Y, que les Morand avaient une fois pour toutes rebaptisée « La Folle », était à leurs côtés le personnage incontournable de leur vie quotidienne à l'époque où je les ai connus.

« C'est vous, La Folle ? questionnait Hélène la sentant pénétrer sans sonner dans le vestibule, entrez et dites-moi ce que vous avez fait hier. » La Folle possédait pour hanter le Château de l'Aile un blanc-seing ; il n'y avait ni heures ni règles sauf celle de l'imprévu. La Folle pouvait être là quelles que fussent les circonstances ; elle disait ce qu'elle avait envie de dire, même si cela n'avait qu'un lointain rapport avec la conversation, ses propos n'ayant à peu près aucune conséquence puisque Paul, pour sa part, ne l'écoutait jamais.

La Folle était sans âge, sans vie sentimentale, sans appartenance identifiable à une classe sociale ; La Folle avait l'immense avantage d'être d'une disponibilité totale.

Sa maison était d'abord sa voiture, une vieille Chevrolet décapotable constellée de poils de chat, de chiures de mouches, de vieilles nippes sans date et sans couleur. Elle-même portait en presque toutes occasions des bottes chantilly craquelées, des jodhpurs très élimés et une redingote en velours qui avait dû être, long-temps auparavant, de couleur verte, le tout complété par une sorte de turban savamment noué dans les cheveux et remplacé, les jours de sortie à cheval, par un melon lui aussi de teinte indéterminée. Les cheveux étaient jaunes et habituellement peu peignés, le maquillage des yeux en revanche toujours frais et outrancier, le regard singulier.

Je me souviens qu'une Italienne travaillant à la maison et arrivée de fraîche date, entendit sonner et vint prévenir ma mère qu'« oune vieux cocher » voulait absolument entrer pour nous rendre visite. Le vieux cocher fut prié ce jour-là à déjeuner, au grand dam de l'Italienne qui répétait dans sa cuisine, sans se douter à quel point elle disait juste : « Cette personne est oune folle, pourquoi Madame elle l'a laissée entrer ? »

La Folle, on l'aura compris, aimait monter à cheval, tout en conservant vis-à-vis des chevaux une peur que les années ne pouvaient vaincre. Lorsqu'on lui tendait la bride, elle la saisissait d'un geste hésitant, se hissant sur sa monture avec dans le regard un mélange d'effroi et de fierté. Je revois encore nos chevauchées à trois, près de l'embouchure du Rhône, au bout du lac Léman.

« Je pense que bien d'illustres cavaliers se sont promenés ici, avant moi, depuis Charlotte, la femme de Schiller, jusqu'à l'impératrice d'Autriche [...] Dans cette plaine, Romain Rolland s'entretenait avec Gandhi... [1] » Nous empruntions souvent le chemin de halage d'un canal. De l'autre côté, la voie ferrée menant vers le Valais et l'Italie, très fréquentée, longeait le canal sur près d'un kilomètre, ce qui effrayait les chevaux au passage des trains.

« Je vous en prie, allons au pas ici ! suppliait La Folle.

---

1. Préface de Paul Morand à *Vevey*, Editions Mermod, 1955.

— Ah ! répliquait Morand d'un air matois, on va lui foutre un galop à fond de culotte le long du chemin de fer !

— Au secours, pitié, Gabriel, persuadez ce diable d'homme de ne pas faire ça ! »

Et on partait au grand galop tandis que La Folle, qui tenait fort bien en selle, se lamentait très haut. De retour dans la Chevrolet, Paul, assis à côté de sa fidèle conductrice, lâchait :

« Vous êtes montée [à cheval] ce matin comme un sac de patates, c'était horrible à voir. »

Elle : « Mon Dieu, vous avez tout détruit de moi aujourd'hui, il ne reste plus rien ! »

Lui : « Mais, il n'y avait rien ! »

Elle : « Vous êtes affreux. »

Lui, saisissant brusquement le foulard qu'elle s'était noué sur la tête : « Qu'est-ce que c'est que cette horreur que vous portez là ? » et, d'un geste toujours aussi brutal, il jette le foulard par la fenêtre sur la chaussée. La Folle, outrée à juste titre, immobilise sa voiture au milieu d'un carrefour et court sur la route rechercher son fichu. Elle tente un reproche, assez confus. Il lui rétorque simplement : « Mettez donc un peu d'ordre dans votre tête ! »

La Folle fut envers Paul et Hélène Morand

d'un extraordinaire dévouement, une sorte de factotum, jamais découragée par les requêtes les plus inattendues, jamais vexée par les remarques plus ou moins acides dont elle était parfois l'objet. Paul décrochait son téléphone et l'appelait à six heures du soir : « La Folle, voulez-vous me conduire demain à Séville dans votre voiture ? » Ne doutant pas de la réponse, il ajoutait : « Nous partons à quatre heures cette nuit. »

Il y eut les voyages, les plaisirs de la vie, les jours sombres aussi, où l'incroyable Mademoiselle conduisait Paul à l'hôpital ou veillait Hélène sur son lit d'agonie. Aucune défaillance.

Certains ont vu d'un mauvais œil cette espèce d'exploitation sans mesure d'un être que sa part d'innocence vouait au caprice d'un couple. Il faut savoir que La Folle, aujourd'hui au seuil de l'autre monde, garde pour ses prétendus bourreaux une affection sans limites, vivant dans leur souvenir, au milieu de leurs photographies et des quelques objets familiers qu'ils lui ont laissés et qui sont autant de talismans. Elle dit : « Paul était terrible avec moi » et l'on sent qu'il fut son dieu.

Avec le recul, on comprend qu'au cours de son existence, Morand aima, on peut le dire ainsi, des êtres avec qui la relation ne passa ni par le sexe ni par l'intellect. L'absence de ce dernier élément lui procurait une liberté, une jubilation qui le délivrait de lui-même, des dialogues exigeants pour lesquels il se sentait si peu fait, hormis le dialogue intérieur qu'il avait avec ses maîtres par les lettres, les naturalistes qui avaient marqué sa jeunesse, et puis Ruskin et Proust, Schopenhauer et Nietzsche et celui, plus permanent, qu'il pouvait avoir avec lui-même.

La politique et l'Histoire

17 juin 1940, le maréchal Pétain, investi des pleins pouvoirs par le Parlement, a demandé un armistice à l'ennemi ; le général de Gaulle vient d'arriver à Londres avec une poignée d'hommes qui l'ont suivi. Le 18 juin, il lance son appel, point de départ d'une épopée dont nul, à ce moment précis, ne peut réellement deviner le succès ou l'échec, tant les aléas d'une telle démarche se perdent dans la totale incertitude du lendemain.

Paul Morand, que la guerre a incité à reprendre du service aux Affaires étrangères, est « chef de la mission de guerre économique » auprès de l'ambassade de France à Londres, un poste qu'il connaît bien pour y avoir été, à ses débuts de jeune diplomate, attaché d'ambassade.

Plusieurs membres de la chancellerie poussent Morand à rejoindre le Général, très désireux à ce moment de voir adhérer à sa dissidence des noms illustres pouvant renforcer celle-ci. Morand hésite, comme le prouvent certains passages d'un journal de guerre inédit récemment retrouvé. Le 22 juillet cependant, il s'embarque à Liverpool pour l'Espagne, emmenant avec lui la presque totalité des membres de sa mission, avec l'intention de rejoindre la France. Officiellement, son idée est d'aller consulter sa hiérarchie et, dira-t-il, de retourner à Londres muni d'instructions, perspective qui, compte tenu des circonstances, se présentait pour le moins comme incertaine.

Quoi qu'il en soit, le « ratage du coche » est de taille. Voilà un homme du sérail, le « Quai d'Orsay », investi d'une mission de confiance auprès de notre principal allié, lequel se trouve être le pays qu'il connaît peut-être le mieux, tant sur le plan diplomatique que sur bien d'autres points, dont il admire la culture et pratique la langue (il a écrit quelques ouvrages directement en anglais : *East India and Company*, recueil de nouvelles, datant de 1927, et des articles pour la revue américaine *Dial*) ; voilà un homme que le destin a placé au moment opportun exactement là où il faut pour ajouter à sa gloire littéraire une résonance patriotique qui eût fait de lui un des intellectuels français les plus respectés de l'après-guerre. On sait ce qu'il en fut. Restent les causes de sa décision.

Certes, dira-t-on, à l'époque dans le contexte du désastre frappant la France et, de façon qui pouvait apparaître comme imminente, pouvait frapper l'Angleterre elle-même, les choses n'étaient pas aussi évidentes. Morand était, par-delà ses perpétuelles velléités d'indépendance, un homme d'ordre et de respect de l'autorité.

Les conséquences de la défaite allaient presque aussitôt trouver dans la posture et les propos du vieux maréchal ce besoin d'examen de conscience, de moralisation qui tenaille un peuple vaincu. Il n'était encore question ni de collaboration, ni de lois racistes, ni même sans doute d'une connaissance réelle de ce qu'était la vraie nature de l'Allemagne nationale-socialiste. On sait que ces éléments sont en revanche devenus aujourd'hui déterminants dans la mémoire collective lorsqu'on aborde cette époque.

Sur un plan plus personnel cette fois, quant au rôle joué alors par Hélène Morand, on touche à l'un des points clés du comportement et, finalement, du caractère de Morand dès lors qu'il l'eut connue et fait d'elle son épouse. Hélène, on y reviendra plus loin, fut à n'en pas douter la conscience de Paul, pour le meilleur et pour le pire. Dans les instants décisifs de son existence (et ce n'est pas ici l'un des moindres), comme à propos de petits riens, il s'en remettra toujours à elle, écoutant, plus encore peut-être que le contenu de ses affirmations, l'attitude profonde de sa femme, ce côté stoïcien, inébranlable, sans ambiguïtés qu'il admirait et sans doute même enviait. En l'occurrence, il semble bien que sa volonté ait été de ne pas laisser Hélène rentrer seule en France, tandis qu'elle s'employait à le convaincre de ne pas demeurer en Angleterre auprès de « gens infréquentables ».

Mais il faut reprendre brièvement les faits : lorsque Morand rentre dans son pays, il le fait sans ordre de son ministère de tutelle, ce qui, on le sait, lui vaudra la réprobation de son ministre, Paul Baudouin, et une mise à la retraite anticipée. Il n'a alors que cinquante-deux ans. L'Histoire révélera plus tard que le gouvernement du maréchal Pétain souhaitait le maintien à Londres du seul représentant diplomatique français possédant encore le chiffre (le code secret permettant de communiquer) après la démission de l'ambassadeur en titre. On était au lendemain de Mers el-Kébir, où une grande partie de l'escadre française en Méditerranée avait été canonnée et coulée par la Royal Navy. On parlait de guerre entre la Grande-Bretagne et la France, aussi surréaliste que cela puisse paraître aujourd'hui.

Le maintien ou le retour de Morand à Londres eût-il été de nature à lui faire jouer un rôle historique quelconque? S'il a eu tort de rentrer au pays de sa propre initiative, aucun ordre explicite de rester ne semble toutefois lui avoir été adressé, tandis que, dans une grande confusion, presque tout le personnel des missions françaises regagnait la France. Et qu'aurait-il fait? A n'en pas douter, il eût été le jouet d'un enjeu redoutable entre les tenants du maintien d'une ambassade «vichyste» et ceux du ralliement à de Gaulle. Faute de protagoniste, cette partie-là, dont il est difficile d'imaginer l'issue, ne fut pas jouée. Mais on peut rêver d'un Morand, momentanément arbitre de la situation, se ralliant finalement au Général. Ce qui semble plus sûr, c'est que le tempérament de Paul ne le poussait pas à rechercher ce genre de rôle. Son pessimisme viscéral, qui transparaît dans tant de ses œuvres (*Fin de siècle, 1900*), sa certitude qu'il assiste à la fin d'un monde (« J'arrive toujours quand on tire le rideau »), sa peur du communisme, attisée par celle de sa femme, Gréco-Roumaine redoutant la bolchevisation de l'Europe centrale, son goût immodéré de l'indépendance personnelle, sont autant de traits l'éloignant d'un tel dessein. Ici encore, il s'évade, peut-être s'évade-t-il de son destin, celui d'un oracle de la Résistance, mais n'est-ce pas en définitive, au-delà de la période punitive qu'il devra endurer après 1944, pour être, avant toute chose, un écrivain ?

On en verra pour preuve l'admirable méditation sur les thèmes de la collaboration et de la résistance qu'est *Le Flagellant de Séville*, roman écrit en exil, en Suisse, au lendemain de la guerre et pendant un temps d'épreuves et d'humiliation. Quoi qu'on en ait pu dire, ce temps l'aura mûri. Le Morand d'après-guerre, celui que l'intelligentsia d'alors tient en haute suspicion après l'interdiction de publier qui l'a frappé à la Libération, le Morand qui ne fait plus de gros tirages, le Morand que redécouvrent et relancent bientôt les « Hussards », ce Morand-là n'est plus l'homme adulé des années trente. Après l'éclat de ses premiers livres viendront le tragique et la profondeur du *Flagellant*, l'intensité ciselée de *Parfaite de Saligny* ou du

Prisonnier de Cintra. Il se méfiait, il est vrai, du mot « profondeur », ironisant lors d'un entretien dans sa réplique à une question de Pierre-André Boutang : « … les tombeaux sont toujours profonds… » Permanent jusqu'à l'obsession, ce souci de ne pas paraître sentencieux ou pire, doctrinaire. Son œuvre d'après 1945 démontre à l'envi sa faculté d'aborder, beaucoup plus que par le passé, les grandes interrogations : la guerre, le fanatisme, les dérives de la sexualité (*Hécate et ses chiens*), la solitude (*Chroniques* d'après 1940), la mort (*L'Art de mourir*, *Venises*), sans jamais devenir pesant ou aligné sur qui que ce soit. L'indépendance, la liberté, toujours.

A l'étonnante bévue de Londres en juin 1940 viendront s'ajouter les maladresses, les choix malheureux, les imprudences de la période de l'Occupation. Etait-il nécessaire d'accepter, après le désaveu du Quai d'Orsay, de diriger la Commission de censure cinématographique, fonction qui devait lui valoir, malgré certaines faveurs octroyées, une impopularité grandissante dans les milieux concernés ? Désir de servir l'Etat ? Compte à régler, plus ou moins conscient, avec les cercles de producteurs de cinéma, où son échec d'avant-guerre pour aborder la réalisation de films (il enviait le génie multiforme de Cocteau) avait laissé en lui une aigreur qui devait affleurer dans ce pamphlet aux forts relents xénophobes qu'est *France la doulce*, plus ou moins volontairement oublié pendant longtemps ?

Etait-il indispensable qu'Hélène et lui reçoivent à Paris, à leur domicile mais aussi chez Maxim's, des Allemands il est vrai prestigieux comme le sculpteur Arno Breker ou Ernst Jünger, lequel n'en portait pas moins l'uniforme du vainqueur ?

Fallait-il, en 1943, accepter le poste d'ambassadeur à Bucarest, pays allié du Reich ? Ici encore, le rôle d'Hélène, ses idées, ses opinions tranchées semblent parfois occulter le libre arbitre de Morand. Mais Hélène est originaire d'Europe orientale, de milieu aristocratique et cependant commerçant, fortuné, au fort atavisme antisémite très répandu en Roumanie. Elle est imprégnée de culture à la fois française et très allemande. Elle parle fort bien cette dernière langue, en aime le pays, y cultive depuis longtemps des amitiés.

Lorsque les bombes américaines et soviétiques commencent à dévaster Bucarest, puis que le pays, avec les prémices du coup d'Etat du roi Michel à l'été de 1944, bascule dans le camp allié, la position du couple Morand devient délicate. Ils sont impopulaires aussi bien auprès de certains membres de l'ambassade que dans le corps diplomatique où le chef de la légation suisse, M. de Weck, rédige à l'attention de son gouvernement des notes peu amènes pour l'ambassadeur de France.

C'est alors qu'intervient mon père, Jean Jardin, ayant à ce moment la charge de l'ambassade de France à Berne avec le titre de chargé d'affaires (il avait décliné celui d'ambassadeur, sans illusions sur le proche avenir du régime de Vichy et soucieux de se ménager une meilleure liberté de manœuvre dans ses contacts réguliers avec les représentants de la Résistance gaulliste en Suisse aussi bien qu'avec ceux des puissances alliées). Par amitié pour Paul et Hélène, mon père fera « des pieds et des mains » au printemps 1944 pour faire nommer Morand ambassadeur à Berne, alors que l'opportunité d'une telle nomination n'apparaissait pas, et sachant qu'il suscitait au contraire par cette démarche la réticence déclarée des autorités suisses et la fureur des représentants gaullistes établis à Genève, avec lesquels il entretenait personnellement dans les deux cas les meilleures relations. Il fut convenu avec la hiérarchie et le nouvel ambassadeur que ce dernier ferait de la figuration et se cantonnerait à être « le chargé d'affaires de Monsieur le chargé d'affaires ».

Malgré l'affection que j'avais pour celui qui devait devenir mon parrain quelques années plus tard, ce que je sais de ce moment-là ne peut me dissuader de dire que Paul n'a rien compris à ce qui se passait alors. Non seulement il semble hors de portée pour apprécier, de Roumanie, la situation réelle en Europe occidentale (ses messages le prouvent), mais il atterrit à Berne, début juillet 1944, pour y prendre ses fonctions, dans un état d'esprit voisin de l'inconscience. Ainsi, plus d'un mois après le débarquement de Normandie, alors que les opérations militaires ont pris toute leur ampleur sur le front ouest, qu'une partie du territoire français est libérée, que le régime de Vichy est aux abois, Morand adresse-t-il à mon père par la valise diplomatique une lettre annonçant son arrivée, lettre qu'on pourrait qualifier de surréaliste, d'un incroyable formalisme et d'un ton condescendant où il n'est question que de « faire préparer ses appartements », se procurer un habit, repasser le linge et s'assurer la disposition de chapeaux et de gants blancs.

Jean Jardin, malgré son exceptionnel sens de l'amitié, en conçut alors un certain agacement, vite mué en ressentiment par l'ingratitude de Morand. Jamais ce dernier ne semble en effet avoir compris et admis le rôle joué par son ami en cet épisode si dramatique de leurs vies respectives et pour le sort de l'Europe. Le malentendu sera durable. Ainsi se confirme-t-il dans le *Journal inutile* publié en 2001, où Morand n'évoque le souvenir de mon père qu'en demi-teinte et sans rien reconnaître de ce qu'il lui doit.

Il semble aussi que deux conceptions de la fidélité se soient opposées : Paul Morand affichera jusqu'à sa mort un attachement sans équivoque mais très affectif à la personne du maréchal Pétain et à celle de Pierre Laval, et une haine tout aussi explicite pour le Général. Je le vois encore, dans les années soixante, dans un numéro très réglé avec sa chienne chow-chow Baby : devant un public choisi (il valait mieux) la chienne dûment convoquée était sommée d'une injonction clamée sur un ton militaire : « Mort à de Gaulle ! » Aussitôt l'animal s'affalait sur le dos d'un air agonisant, les pattes dressées en l'air. Jamais Morand ne voudra essayer de comprendre ce qu'était devenue la figure emblématique du Général par rapport au destin français.

La fidélité de mon père, en revanche, se voulut tout aussi sincère envers la personne des hommes qu'il servit, mais prit une forme éminemment tributaire des circonstances politiques qu'il fut amené à affronter. En clair, cela signifie que dans l'exercice même de ses fonctions, il prit avec l'assentiment tacite de ses supérieurs sa marge de liberté pour rencontrer, aider, soutenir (y compris financièrement) et à bien des reprises sauver ceux qui luttaient dans l'ombre pour la reconquête du pays. Cette action n'eut d'autre raison que le souci constant de maintenir l'unité du peuple français.

Jean Jardin devait vivre la descente aux enfers, puis la chute de Pétain et de Laval, aggravée par la découverte de l'horreur des camps, comme un terrible déchirement national et un drame personnel. Faisant partie de ceux qui avaient incité en vain le maréchal à rejoindre l'Algérie en novembre 1942 lors de l'invasion de la zone libre, il multipliera dès lors les contacts avec « l'autre bord », déployant secours et aides innombrables et demeurant à son poste jusqu'en août 1943 à la demande de ceux-là mêmes qu'il appuyait dans la clandestinité et en dépit des menaces que lui adressait le camp collaborationniste. Prenant ensuite ses fonctions à Berne, son premier souci sera d'assurer la « couverture » diplomatique de l'ambassade de Vichy, la seule officiellement reconnue à ce moment, aux services secrets de l'armée d'Alger travaillant sous le couvert de l'attaché militaire de l'ambassade. Par ce canal transiteront maints renseignements importants pour la cause alliée, certains même essentiels.

On conçoit aisément combien il a dû être difficile d'expliquer une telle position à un Paul Morand débarquant de Roumanie dans la panique de l'avance soviétique, influencé par la germanophilie de sa femme, mal informé de ce qui se passait à l'ouest, se voulant formellement loyal à Pierre Laval et à Philippe Pétain.

Il faut, pour essayer de comprendre la situation de l'époque, imaginer combien les contacts pris et les services rendus par une personne agissant comme l'a fait mon père, tant en France occupée qu'en Suisse, ne pouvaient l'être que dans le plus grand secret, sans aucun écrit et donc historiquement sans autre preuve que la parole de ceux qui en furent les acteurs ou les témoins. Rien ne blessera plus mon père que l'idée que cette résistance non armée et cette contribution opiniâtre à la lutte contre l'ennemi aurait pu procéder chez lui d'un double jeu et donc d'une volonté opportuniste. Mes constants et innombrables entretiens personnels avec lui ne me laissent aucun doute à ce sujet, alors que la vie, hélas, ne lui a pas laissé le temps d'écrire lui-même, au sein de mémoires et de manière détaillée, le pourquoi et le comment de son action.

C'est également sur ce point, je l'ai bien senti à plusieurs reprises, que Paul Morand s'est mépris. Lorsque Jean Jardin se ralliera assez naturellement après 1958 aux options gaulliennes d'une restauration nationale qu'il soutenait et appelait de ses vœux, le fossé se creusera encore entre deux hommes dont l'un avait le sens de l'Etat tandis que l'autre avait une vision à la fois pénétrante et personnelle de l'Histoire plutôt que de la vie publique.

Le paradoxe de ce long et douloureux différend, accentué par des questions purement personnelles, est que c'est Hélène qui, malgré ses côtés abrupts, sera du couple Morand la plus lucide et la plus encline à une reconnaissance qu'elle confessait aussi bien auprès de certains amis que de mon père lui-même. Cela me valut, vers mes seize ans, quelques confidences de la part de ce dernier quant à son admiration pour le caractère d'Hélène tandis que, d'un ton sentencieux, il ajouta : « Pour préparer ton voyage en Angleterre, tu liras avec profit le *Londres* de "Monsieur Morand"... »

Lire ou relire *Le Flagellant de Séville* à la lumière de tout ce qui précède éclaire la personnalité de Paul Morand d'une lueur violente, contrastée, comme une réfraction de la peinture de Goya qui a inspiré le livre. La réalité est que, derrière la façade de l'ancien diplomate aux opinions politiques si tranchées, l'écrivain, c'est-à-dire le meilleur de lui-même, a eu le courage d'une exploration lucide, sans complaisance, de la tragédie où l'Histoire lui avait réservé un rôle ingrat. Pour ce faire, il a transposé. Quoi de plus intéressant dans cette démarche que de se plonger dans l'Espagne de 1813 occupée par Napoléon ?

Avec habileté et non sans un plaisir ironique, Morand montre ses compatriotes, ces Français qui en 1949 aimeraient tous pouvoir se dire résistants, sous les traits de l'occupant, aux yeux des Espagnols de l'époque, l'oppresseur. Cependant cet envahisseur se veut le messager d'une émancipation, il offre aux peuples qu'il prétend libérer de l'asservissement les valeurs de la

Révolution et des Lumières, l'« Europe nouvelle » à construire (les nazis, avec d'autres idées en tête, useront curieusement de la même terminologie).

Le plaidoyer, en l'occurrence, n'est-il pas de démontrer de façon subtile à travers les enthousiasmes de Don Luis l'Espagnol pour la cause et les idées neuves du début du XIXe siècle, qu'une partie de l'élite française ait pu à son tour, en 1940, être séduite pour adhérer à la proposition de bâtir une Europe nouvelle avec l'Allemagne ?

Si la comparaison s'arrêtait là, elle serait tronquée et choquante, quand on sait le caractère odieux du régime nazi et l'ampleur de ses crimes. Mais Morand a introduit dans son livre le personnage de Marisol (ou Maria Soledad), épouse de Don Luis et qui se révélera être, à l'insu de Don Luis lui-même, secrètement en lutte contre la mainmise française et la collaboration avec l'ennemi.

La force du roman évoluant au gré du drame intime qui va déchirer ce couple serait sans doute restée très en deçà des ambitions de son auteur si celui-ci s'était contenté d'un plaidoyer *pro domo*, même transposé avec finesse et talent. Tout l'art consiste ici en une fresque grandiose où sont évoquées et l'Espagne d'avant le congrès de Vienne, dans un déclin encore emprunt des beaux traits de sa grandeur passée, et les horreurs de la guerre telles que Goya les a peintes.

Ce qui est fascinant, ce sont les analogies que présente avec Hélène Morand le personnage de Marisol, épouse résistante de Don Luis, notable francophile et « collaborateur de bonne volonté ». Bien entendu, il ne s'agit pas là d'une similitude d'idées politiques, mais de tempérament, d'attitudes devant le danger, de fermeté dans les opinions, d'indomptable volonté.

Dans cette confession déguisée et magnifique, Morand n'avoue-t-il pas en définitive comment il se serait laissé personnellement abuser par les événements de 1940-1944, tout en attribuant dans cette fiction romanesque le « beau rôle » à une autre Hélène que le destin aurait à la fois sacrifiée et consacrée ? J'aime à penser cela, qui est bien dans sa manière subtile, presque secrète, de se livrer dans son œuvre sans rien lâcher de lui dans la vie courante.

Morand excelle à discerner les lignes de force qui éclairent l'évolution d'un temps. Ainsi s'amuse-t-il, dans un petit texte repris dans ses *Chroniques*[1], à imaginer en 1941 ce que serait le monde en l'an 2000 : quelle que soit l'issue de la guerre, « l'Europe qui va naître aura pris sa forme pour longtemps. [...] Ce que nous voyons se produire, c'est une coagulation magnifique et irrésistible des masses ethniques et la formation en assises cyclopéennes d'une économie vraiment mondiale. [...] Le monde se dilate. » Toutefois, cette vision d'unité, de mondialisation (le mot n'existait pas encore), demeure marquée d'un pessimisme constant. « Je suis veuf de l'Europe », disait-il dans *1900* et je l'entends encore, dans l'un de nos entretiens, m'adresser cette supplique : « Voyage, je t'en prie, bouge pendant qu'il en est temps ; demain, il faudra un passeport pour aller de Paris à Orléans. » Si la cible citée se révèle jusqu'ici fort heureusement inexacte, l'idée sous-jacente d'un enserrement de l'individu, d'entraves croissantes, enfin d'une dictature technologique issue du progrès, est perçante :

« ... aujourd'hui l'Occident [est] arrivé à l'avant-dernier degré de la surproduction, de la vitesse, de l'anémie et de la névrose... » dans un

---

1. Grasset, 2001.

monde qui « ... ne sait que magnifier les vices d'une humanité dont la faculté de comprendre et d'aimer n'a pas crû en même temps que sa faculté d'inventer. »

Dans *La Mort de l'amour* qui est l'une de ses toutes premières œuvres, une nouvelle écrite en 1906 alors qu'il avait dix-huit ans, Paul Morand plonge dans une anticipation de mille années un jeune homme de son temps. Objet d'investigations scientifiques impitoyables sur la nature de son âme et les mécanismes de ses émotions, ce dernier découvre que ces humains de la fin du troisième millénaire, tous semblables et asexués (des clones?), ne connaissent plus ni désir, ni passion, ni sentiment. L'amour n'est à leurs yeux qu'un souvenir d'une humanité préhistorique, ou plus exactement historique car ils sont parvenus à la post-histoire. En 1906, notre jeune auteur se fait le héraut d'une veine littéraire qui annonce Aldous Huxley et George Orwell ou, plus spécifiquement encore, ce film étrange et terrifiant de George Lucas que fut *THX 1138*, sorti en 1971 et qui marqua ma génération.

Etrange destin, en définitive, que celui de cet homme englué dans une vision politique souvent rigide et étroite au sein de circonstances dramatiques dont la nature et la portée ne lui échappent cependant pas. En lui en effet, l'écrivain s'est révélé capable de fulgurances vision naires distillées un peu partout au fil d'une œuvre où l'Histoire est loin d'être absente.

Évasions et courage

Paul Morand avait horreur d'affronter les autres. Ce trait de son tempérament se traduisait ou par la fuite ou par la soumission aux volontés de l'adversaire. Soumission bien souvent réduite aux apparences qui ne préjugeait en rien d'une opinion personnelle demeurant ferme et, toujours, de son étonnante capacité d'évasion. La moindre controverse dans une conversation et il s'abstrayait d'un air d'ennui ou d'agacement. Un épisode digne d'une scène de film est à cet égard resté célèbre : un soir de décembre 1917, alors qu'il est jeune secrétaire d'ambassade à Rome, un poste qui le déçoit, il disparaît physiquement d'un dîner très officiel où, s'ennuyant à périr, il accomplit la performance de quitter la table à quatre pattes en passant sous la nappe. La scène fut rapportée par une invitée qui, désolée d'être placée trop loin de lui, vit son manège en se pinçant les lèvres sans avoir le don d'accomplir le même exploit.

Dans presque tous ses livres revient comme un refrain l'art de l'esquive pour échapper aux fâcheux, aux dîners en ville, aux banalités qui se débitent dans les salons. Avec la plupart des femmes, son vieux fond de misogynie le portait sur ce plan à une impatience visible. Seules quelques amies choisies y échappaient, lesquelles ne faisaient a priori pas partie de ses conquêtes. A Charlotte Fabre-Luce, l'épouse de l'écrivain Alfred Fabre-Luce, à Denise Bourdet, la femme d'Edouard, l'auteur dramatique, avec qui il jouait enfant au parc Monceau, à Lisette Haas dans sa jeunesse, à Colette, il saura se confier. Mais même avec ses meilleurs amis, il pouvait jouer à cache-cache. François Nourissier dit simplement : « Morand était là, et puis tout à coup, il avait disparu, comme ça, sans qu'on l'ait vu partir[1]. » Tel était exactement l'effet qu'il nous faisait, à ma mère et à moi-même lorsque, dans son salon de Vevey, il venait, quelques minutes, se mêler aux entretiens d'Hélène avec nous, stigmatisant selon le

---

1. Entretien avec Pierre-André Boutang, *Paul Morand, La Traversée du siècle*, On Line Productions & SFP.

jour « la bêtise de la diplomatie américaine » ou l'absence de fraîcheur du poisson acheté le matin au marché, louant la dernière lettre qu'il avait reçue d'Henry Miller ou la beauté indicible du Cervin, à Zermatt la veille au soir.

Si les controverses le rebutaient, les disputes, voire les échanges de vues sur un ton un peu vif, provoquaient chez lui un véritable désarroi, alors même qu'il ne s'y trouvait pas directement impliqué. Mes parents eurent pendant quelques années à leur service un couple venu de Vendée. Elle, cuisinière et femme de chambre, était douce et affable. Son mari remplissait les fonctions de valet et de jardinier ; il savait à peu près tout faire de ses mains, capacité que je m'étais empressé de mettre à profit en le débauchant à ses heures perdues pour la construction très élaborée de mon train électrique : à nous deux, nous en fîmes une espèce de Disneyland miniature. Mais Marc (c'était son nom) était doté d'un caractère volontaire, parfois ombrageux, enfin tout sauf trop soumis et obséquieux. Au bout de deux visites successives à la maison, où mes parents s'accommodaient fort bien du caractère de leur personnel, Paul déclara qu'il ne pouvait plus fréquenter un lieu d'où émanait une telle tension guerrière :

« Vous viendrez au Château de l'Aile, dit-il, mais je ne retournerai à La Mandragore (notre propriété familiale au bord du lac) que lorsque vous y aurez repris votre douceur de vivre... »

Episode curieux, aussi, que celui de l'ambassade de France à Berne, en août 1944. Mon père, toujours chargé d'affaires, avait donné des instructions précises pour que le drapeau français ne fût pas hissé tant que Paris n'était pas libéré et tant que le personnel diplomatique n'était pas délié de son obédience formelle à un gouvernement (Vichy) devenu à ce moment otage pur et simple de l'occupant du fait de la captivité de ses dirigeants emmenés de force par les Allemands à Sigmaringen. Saisi de zèle, un employé prit sur lui de monter les couleurs nationales. « Qui a fait ça ? interrogea Jardin avec colère. — C'est nous (sous-entendu le personnel subalterne), et on se fout que ça plaise ou non ! » Mon père, qui n'appréciait pas qu'on discute l'autorité, saisit le quidam au collet et le jeta dans l'escalier. Morand, ambassadeur en titre, avait pâli et, sans mot dire, était allé s'enfermer dans son bureau.

Au fond, cette horreur des conflits, cette fuite devant l'hostilité des hommes procédaient-elles probablement d'un manque de confiance en soi et de ce doute, profondément ancré en lui par l'enfance et l'éducation, quant à la fiabilité humaine. Pour ma part, je ne l'ai presque jamais vu aborder un nouveau venu avec confiance et même vis-à-vis de ses amis, Morand ne « se donnait pas ».

Un jour de 1975, lors d'un déjeuner à sept ou huit avenue Charles-Floquet, auquel j'avais été invité, Paul m'adressa au dessert un compliment très affectueux qui, malgré mes vingt-neuf ans, me fit rougir comme une pivoine. Si je raconte cela, c'est parce qu'il m'a semblé, ce jour-là, qu'il disait à sa manière devant témoins : « Oui, j'aurai parfois rencontré des êtres vis-à-vis de qui la méfiance, au bout d'un certain temps, n'est plus de rigueur. » Ses hôtes, qui le connaissaient bien, ou croyaient le connaître, en furent surpris et sans doute émus.

A cette désertion devant les champs de bataille de l'humanité répondait un étonnant courage physique et moral face à la nature. Si partir, c'est parfois prendre la fuite, quitter son lieu de vie habituelle demande aussi du courage et Paul Morand a passé sa vie à le faire. La veille du départ pour un long périple en Extrême-Orient, dans les années trente, il avoue : « Terrible envie de ne pas partir demain. » Mais il y est allé. Cette constance par rapport à ses projets, il la gardera jusqu'à la fin, qu'il s'agisse de galoper en forêt au petit jour, ou de pratiquer seul, à plus de soixante-dix ans, l'ascension d'un sommet des Alpes suisses.

La mort ne l'effrayait pas. Seules la renonciation frileuse, l'abdication devant l'appel du grand large lui auraient fait monter le rouge au front. Cette attitude participait d'ailleurs d'une éthique physique et mentale qu'il s'était imposée : le culte du corps, tôt découvert à une époque encore peu sensible à cette idée, considéré jusqu'aux premières vraies infirmités de l'âge comme un allié qu'il convient de ménager, mais aussi de cultiver, soigner, honorer. Nul laisser-aller de ce côté-là, donc : gymnastique quotidienne, sports de toutes sortes (il fut un pionnier du ski nautique et du bobsleigh), bains chauds et froids collectionnés sur toute la planète, joliment évoqués dans *Bains de mer*[1], excursions en montagne, sur les glaciers, les rivières, au désert. Nul doute que Morand, s'il était toujours de ce monde et avait aujourd'hui cinquante ans, pratiquerait assidûment l'aile delta, le parapente, l'U.L.M., la planche à voile,

---

1. Editions Arléa, 1990.

le kate-surf; peut-être cependant reculerait-il devant le saut à l'élastique...

Pas d'excès alimentaires, peu d'alcool, le tabac tôt aboli, il fallait maintenir la machine en état de marche, disponible, toujours prête à appareiller. Au printemps de 1975, il décida d'aller en Irlande pêcher le saumon. Il me racontera que, seul à bord avec les marins pêcheurs qui parlaient gaélique, par une mer houleuse et sous un ciel bas, il s'était fait attacher au mât du bateau afin de mieux tenir sa ligne et d'éviter de passer par-dessus bord.

Ce courage, on l'aura compris, prenait en certaines occasions l'aspect d'un défi. A près de quatre-vingts ans, il se lançait avec moi le long du Rhône, en amont de l'embouchure du fleuve dans le Léman, dans des chevauchées magnifiques où le fameux «galop à fond de culotte» ne l'effrayait pas. Je l'entends encore marteler derrière moi sur le ton propre aux évolutions équestres : «Assis, assis!» Pour soulager mon cheval, je m'étais dressé sur mes étriers, dans une posture bien trop américaine à son goût. «Tu n'es pas jockey et nous ne sommes pas à Auteuil!»

A la fin du printemps de 1976, alors qu'il n'avait plus que quelques semaines à vivre, il me proposa de l'accompagner jusqu'en Bretagne, où Simone Gallimard, l'épouse séparée de Claude[1], qui avait pris la direction du Mercure de France, l'avait invité pour quelques jours dans sa maison de Douarnenez.

La canicule, qui devait emporter tant de gens cet été-là, commençait à se faire sentir. « Folie ! » dit son médecin consulté avant le départ, lequel lui conseilla de demeurer plutôt à l'ombre du Champ-de-Mars, dans son refuge de l'avenue Charles-Floquet dont les très hauts plafonds, les pièces immenses et l'exposition à l'est rendaient la chaleur supportable. Mais à quatre-vingt-huit ans et deux mois, Paul avait toujours la bougeotte. La seule idée d'être assigné à rester immobile quelque part lui était une contrariété odieuse, un mauvais souvenir de l'exil d'après-guerre, une incitation immédiate à l'évasion.

« Nous partirons en auto, dit-il, Raymond (le valet de chambre) nous accompagnera avec quelques provisions. » Je vis en un instant notre équipée à trois dans cette voiture de sport exiguë, pleine de bagages, par une chaleur suffocante et sans le secours d'aucun air conditionné. Une lueur d'inquiétude pour lui me traversa

---

1. Claude Gallimard, alors président des Editions Gallimard.

sans doute le regard. Il le remarqua, ajouta sur un ton sans réplique : «Ce sera une traversée du désert pour arriver jusqu'à l'oasis ; n'est-ce pas excitant?» Il y avait du panache et du défi dans sa détermination.

Cette expédition fut un voyage comme dans Alexandre Dumas, combats en moins. Raymond, qui ajoutait à la qualité de valet celle d'un excellent cuisinier, fut chargé de réunir tous les ingrédients de base nécessaires à la préparation de quelques repas fins que Paul entendait offrir sur place à ses hôtes : les bouteilles d'huile, de vin, les épices, nappes, serviettes, livres de cuisine emplirent un carton entier. Le matin du départ, évidemment de bonne heure, Amparo la fidèle concierge de l'immeuble nous seconda pour charger la voiture comme pour une émigration. Je bénis le ciel que le chien antigaulliste, alors passé de vie à trépas, ne fût pas de la partie. Les valises, les sacs et les cartons s'empilèrent jusqu'à l'intérieur de l'Alfa de telle sorte que Raymond, assis à l'arrière pendant le trajet, semblait juché sur un monticule, les bras soutenus par la couverture et les coussins destinés à la sieste et à l'étape du soir.

Je pris le volant. Paul avait vissé sa casquette de toile sur sa tête. Il jubilait. Vers Dreux, je lui montrai un rocher sur le bord de la route, qui avait un air de mémorial : « Si tu prends ça pour un menhir, dit-il, tu as de l'avance, attends un peu ! » Même enthousiasme, même surexcitation que l'année précédente, pour la Touraine.

Nous traversâmes une France de l'Ouest asphyxiée par la sécheresse sévissant depuis plusieurs mois : dans les herbages bruns, des troupeaux hébétés cherchaient l'ombre sous les arbres au feuillage prématurément roussi. La campagne angevine ressemblait à la savane. « La sécheresse a quelque chose de maudit », remarqua Paul, la gorge serrée.

Afin de ménager nos forces, une étape avait été prévue à Mûr-de-Bretagne, peu avant Rostrenen. Les autoroutes et voies rapides n'existaient pas encore dans cette région que je découvrais telle qu'elle avait dû être pendant des siècles : le bourg silencieux aux maisons de granit presque noir s'étayant les unes les autres de chaque côté d'une rue montante, ce relent de mystère qu'exhale le pays breton dès qu'on s'approche du Morbihan ou du Finistère. Notre logement, dans une auberge très simple, se révéla ne comporter qu'une seule grande pièce à trois lits. Celui qui échut à Paul Morand était plus large et situé dans une sorte d'alcôve, un peu à l'écart. Après un dîner frugal, je pris mes quartiers à l'autre bout de la chambre, tandis qu'au moment d'éteindre, le valet, qui avait l'air gêné, se tourna contre le mur. Je reviendrai plus loin sur ce personnage qui, en dépit de son dévouement, avait en lui quelque chose d'interlope. Je bordai mes draps avec vigueur et, tel un gisant, fermai les yeux avec un mélange d'appréhension et de griserie. Ce soir-là, je me sentis l'âme d'un mousquetaire, Bragelonne que j'admirais pour sa bravoure, ou peut-être Aramis pour sa double aptitude au combat et à la réflexion. Nous venions, au sein du royaume, de pénétrer dans les « états de Bretagne », convoyant une personne d'importance. Après avoir rendu grâces à Dieu, j'avais placé mon épée à côté de ma couche. Je m'abandonnai au sommeil, la main sur la garde de ce glaive imaginaire...

Tout le monde s'éveilla au petit jour. J'avais mal dormi à cause de la chaleur et parce que mes deux compagnons avaient rivalisé dans l'art de ronfler. Une brume tiède s'étirait autour du calvaire et dans les rues avoisinantes, toujours silencieuses. Je sentis que nous étions entrés en pays celte.

A onze heures, nous étions à Quimper, au

marché. Paul et Raymond choisirent ensemble, avec un soin infini, les homards, les légumes destinés à l'accompagnement, et puis du bar, des maigres, des coquillages, des fruits de toutes sortes. C'est avec une voiture regorgeant de victuailles que nous fîmes une demi-heure plus tard une entrée remarquée chez Simone Gallimard. Il fallut extraire Raymond, enfoui sous les paniers à provisions.

A une heure trente précise, l'étonnant valet cuisinier maître d'hôtel vint annoncer, en veste blanche et gants blancs, que Madame était servie.

Le festin, car c'en était un, et qui allait se révéler sublime, était apparu d'un coup, lorsque fut dévoilée la table dressée dans un petit salon dont Raymond avait ouvert solennellement la porte à double battant à l'instant de révéler son prodige.

La maîtresse de maison et ses amis ne ménagèrent pas leurs compliments au sujet de ce qui devait se reproduire deux ou trois autres fois les jours suivants. Paul, chez qui les fatigues du voyage n'avaient pas annihilé la cordialité, parlait peu et goûtait, du palais et des yeux, ce moment de perfection qu'il s'était donné le plaisir d'offrir à ses hôtes.

A regret, je repartis seul pour Paris le lendemain, par le train. Je ne devais plus le revoir. Quelques semaines plus tard, il m'annonçait lui-même au téléphone, alors que j'étais en Normandie avec mes parents, qu'il venait d'être hospitalisé à la suite d'un malaise cardiaque. Je comptais lui rendre visite les jours suivants. Le destin ne m'en laissa pas le temps.

Ainsi s'est imprimée en moi cette dernière image du vieil homme prêt à affronter un voyage qu'il devinait très éprouvant pour la joie de célébrer une fois encore avec panache son amour d'une vie dont il pressentait sans doute le terme tout proche, juste avant l'autre Voyage, qu'il attendait sans peur...

Un misogyne amoureux

« Qui femme a, guerre a », cite Paul Morand dans sa préface à *Défense des femmes* de H.L. Mencken, étrange charge sexiste dont la traduction française est due à... Jean Jardin[1]. Et il ajoute : « Nous n'avons plus les femmes, mais nous avons la guerre. »

Cette boutade est suivie d'une digression en termes militaires sur les aspects dès lors éminemment stratégiques du mariage et du couple.

Attiré jusqu'à la fin de sa vie par le beau sexe, comme il l'était par tout ce qui contribue à la jouissance, Morand, pour qui lit certains passages de son journal intime (*Journal inutile*), ne fut pas à proprement parler « l'homme qui aimait les femmes ». Le fond de sa pensée est misogyne, critique, acide, parfois à propos de

---

1. Gallimard, NRF, 1934.

la sexualité d'un cynisme insupportable. Dans les fréquents entretiens que nous avions le soir, lorsque j'habitais près de chez lui, il me parlait des femmes comme de ces calamités incontournables qui suscitent à la fois épreuves et dépassements : « le régime totalitaire le plus à redouter », lâchait-il en souriant. Aucune inquisition sur ma propre vie, mais plutôt des conseils quant à la stratégie devant présider à la cohabitation : « Tu verras, lorsque tu partiras en voyage avec une femme, elle te dira : "Chéri, je n'ai qu'un tout petit bagage". Et puis, l'heure du départ arrivera et il y aura dix-huit petits sacs ! » Il avait une façon très drôle de marteler les quatre derniers mots, tout en faisant monter le timbre de sa voix.

Sa voix qu'il n'aimait pas. Il la trouvait trop haute ; il n'aimait pas non plus sa tête, jugée trop grosse, ce qui explique sans doute pourquoi il s'échinait à se plaquer les cheveux sur le crâne : « Les aristocrates anglais ont une distinction naturelle parce qu'ils ont de petites têtes. » Je riais. Etrange contraste, là encore, chez cet homme ayant un véritable culte du corps, soignant le sien comme un mécanicien peut s'éprendre de sa machine, et cependant toujours critique sur sa propre image. Confinant au très grand âge, il évoquait « l'irréparable outrage » des ans comme une trahison : « Le corps, jusqu'ici ami, devient votre ennemi ; il vous attend au tournant. » Hédonisme, narcissisme ? Il faut reconnaître qu'il aimait plaire. Rien d'étonnant donc à ce qu'il ait fait des conquêtes.

Vers 1970, Laurette, une de mes amies qui devait alors avoir vingt ans, très éprise de son œuvre, insista pour le rencontrer. J'arrangeai une visite au Château de l'Aile, à Vevey, visite qui se passa exactement comme je le redoutais. Paul l'accueillit, le regard sensuel, avec cette expression de curiosité méfiante qu'il ne pouvait dissimuler devant un nouveau venu. Elle parla de son admiration pour l'une de ses nouvelles, voulut poser quelques questions. Il répondit par une boutade et disparut presque aussitôt, nous laissant en compagnie d'Hélène, dont la conversation captiva Laurette, en dépit d'une sortie grinçante aux relents antisémites que je m'étais efforcé en vain de conjurer. Ambassadeur très lié à mes parents, le père de Laurette était juif ; elle, une jolie brune un peu négligée dans le style soixante-huitard. Elle avait un « s'veux » sur la langue qui contribuait à son charme. J'appris quelque temps après que

Paul l'avait invitée à monter à cheval avec lui en forêt de Rambouillet. Ses parents m'avouèrent ensuite que non content de ces sorties, il lui avait proposé un voyage en sa compagnie ; « un vieux cochon ! » avait ajouté sa mère, indignée de tant d'audace tardive.

Je ne vais pas ici faire l'inventaire de ses liaisons. On serait d'ailleurs bien en peine d'y parvenir dans la mesure où Paul, déjà très avare de ce genre de confidences dans son œuvre, ne s'est pas davantage découvert à ses biographes (moi compris en l'occurrence).

Ce qui est remarquable, c'est qu'il s'est plu avec l'âge à donner de lui, en particulier dans le *Journal inutile* publié en 2001, l'image d'un homme sensuel tenant simultanément l'amour physique indispensable, dans une sorte de suspicion, quand ce n'est pas de dérision. Cruelle est ainsi sa manière brutale de rompre avec Josette Day, qui fut la Belle dans *La Belle et la Bête*, le film de Cocteau, ou encore l'héroïne de *La Fille du puisatier* de Pagnol. Leur amitié, par la suite, n'en sera pas moins vive et durable lorsque l'actrice fera sa vie auprès de Marcel Pagnol, puis avec l'industriel Solvay.

Dans ce même journal, Morand ironise avec dureté sur le peu de poids que revêt à ses yeux, avec le recul, sa brève liaison avec la comédienne Natacha Paley, vers 1931.

Et cependant... Dans son excellente biographie, Ginette Guitard-Auviste, qui a mis la main, dans les archives léguées à l'Institut de France, sur des carnets de jeunesse, montre combien Paul, à l'âge de dix-huit ans, a pu manifester de fraîcheur d'âme et, finalement, s'avouer chaviré par sa première passion pour une jeune inconnue. Il en perd la tête, et momentanément, la capacité d'écrire.

Des sentiments identiques percent à propos de sa rencontre avec Lisette Haas, avec laquelle il échange une correspondance aujourd'hui publiée (cette dernière, il est vrai, expurgée des lettres les plus intimes).

Cette fraîcheur d'âme, on la retrouve dans ses amitiés, nombreuses, avec tant de femmes dont il tenait l'opinion en haute estime, qu'il s'agisse de Denise Bourdet, l'amie de toute une vie, d'artistes telles que Valentine Hugo, Marie Laurencin, d'écrivains comme Colette, de Coco Chanel, plus tardivement de Charlotte Fabre-Luce ou de Josée de Chambrun, complices, confidentes.

Avec la comtesse de Chambrun, la fille de Pierre Laval, l'amitié, née au début des années trente, ne cessera de croître, renforcée par les épreuves de la guerre et la période qui suivit. L'admiration que Paul vouait à son père est née lorsque Laval, plusieurs fois au pouvoir à partir de 1931, renforça la coopération avec les Etats-Unis et bâtit, dès 1935, un système de double alliance française avec la Russie de Staline et l'Italie fasciste dans le but d'isoler diplomatiquement l'Allemagne hitlérienne. Le processus fatal de la défaite de la France en 1940, engendrant le drame de l'Occupation, le rôle joué par Laval à cette époque, avec l'épilogue que l'on sait, ne firent dans l'épreuve que souder une affection réciproque, affection qui impliqua aussi bien Paul que sa femme Hélène, Josée Laval que le mari de celle-ci. Mon père lui-même, qui eut cette fidélité d'homme, dont j'ai parlé, à la personne de Pierre Laval, trouva dans l'amitié avec les Chambrun l'écho qu'il ne pouvait manquer de rechercher. Pour situer cette relation, il faut comprendre que Josée se trouva placée à un extraordinaire carrefour de destins. Fille de Laval, « l'homme de Vichy », elle avait épousé le comte René de Chambrun, issu d'une illustre famille, descendant de La Fayette, avocat international aux barreaux de Paris et de New York, éminemment impliqué dès son plus jeune âge dans tout ce qui touchait à l'Amérique et à l'amitié franco-américaine. Il était, par sa mère, petit-neveu de Theodore Roosevelt [1], neveu d'un président de la Chambre des représentants et cousin par alliance de Franklin Roosevelt. Mobilisé en France au début de la Seconde Guerre mondiale, sa connaissance des Etats-Unis, ses entrées auprès des dirigeants de ce pays lui valurent de se voir confier plusieurs missions essentielles pour la survie de l'Angleterre après la débâcle française. Il s'agissait de convaincre le gouvernement des Etats-Unis, encore hors du conflit, d'apporter à la Grande-Bretagne, prise à la gorge et seule puissance tenant tête à Hitler, une aide matérielle vitale, en particulier par la livraison d'armes. Cette mission a été, cela est établi, largement couronnée de succès. Aux déjeuners des Chambrun après la guerre et jusqu'à leur mort, on rencontrait tout ce que Paris pouvait compter de gens influents, de quelque bord qu'ils fussent. L'ambassadeur des Etats-Unis d'Amérique y avait toujours sa place, Jean Jardin, Paul et Hélène Morand aussi.

------

1. Président des Etats-Unis de 1901 à 1908.

Les conquêtes féminines de Morand s'échelonnèrent presque tout au long de son existence, que ce soit avant ou après son mariage avec Hélène, lui acquérant une réputation bien établie de coureur de jupons et de mari volage. Ainsi, lorsqu'il se fait photographier en 1932, à l'inauguration de «Flèche d'Orient», le vol Salonique-Paris, en compagnie de la belle Aliki Diplarakos, ex-Miss Monde, future Mme Paul-Louis Weiller.

Et pourtant, la seule femme qu'il ait vraiment aimée, avec constance et même sans aucun doute toujours davantage, c'est son épouse, Hélène, princesse Soutzo, née Chrisoveloni.

Paul la rencontre pour la première fois en 1916, la verra de plus en plus dès la fin de la guerre et l'épousera en 1927. Je voudrais parler ici de la personne que j'ai connue, ayant déjà atteint un âge respectable alors que j'étais encore un enfant.

Ce qu'on a dit est vrai, elle avait une tête de chouette, un physique hors du commun, ne ressemblait vraiment à personne, sauf peut-être selon certains, à Anna de Noailles. De neuf ans plus âgée que Paul, qu'elle appelait devant les intimes «mon P'tit Toutou», elle appartenait à une influente famille grecque de Roumanie, dont le pouvoir s'étendait à la banque et aux assurances de Trieste, débouché maritime de l'Autriche-Hongrie jusqu'en 1918. Ce qui me fascinait lorsque, entre l'âge de dix et de quinze ans, j'accompagnais mes parents au Château de l'Aile dans leurs visites amicales à l'heure du thé, c'était les yeux d'Hélène, des yeux bleu lavande cerclés d'un bleu très pâle. Ces yeux vous fixaient avec une grande attention, comme ceux d'un oiseau, mais sans dureté. Tout dans son attitude respirait l'éducation aristocratique du XIX siècle. Ses gestes étaient contrôlés, son maintien imposait spontanément le respect. Je ne l'ai jamais vue s'appuyer au dossier de sa chaise ou de son fauteuil. Lorsqu'elle écoutait de la musique à la radio, ce qu'elle faisait chaque jour, elle s'autorisait à s'allonger sur son canapé, les chevilles croisées. Pour parler, le ton était bref, un peu sec, le timbre bien placé. Son français était exquis, sans être pédant, dénué de cette intonation affectée des gens du monde.

Sa conversation avec ma mère ou d'autres personnes présentes, qui aurait dû m'ennuyer compte tenu de mon âge, vous accaparait par la précision de la pensée, l'érudition, mais plus encore l'écoute, ce dont, comme je l'ai dit, son illustre époux semblait dénué, du moins dans la fréquentation des salons.

Un jour que je lui parlais de la résurrection, dont je venais d'être instruit au catéchisme, elle me répliqua d'un ton sans appel : « Non, mon petit Gabriel, lorsque nous serons morts, nous aurons une âme, comme aujourd'hui mais sans corps, ce qui nous permettra de nous entretenir avec Dieu. Cette histoire de résurrection n'a aucun intérêt ! » Malgré le côté impérieux de cette théologie très personnelle, j'écoutais fasciné, me demandant comment les grandes personnes qui prétendaient m'instruire pouvaient être si sûres d'elles avec des avis si divergents.

On a souvent dit d'elle qu'elle était méchante. Elle pouvait l'être, en certaines circonstances. Je me rappelle avoir été prodigieusement choqué par la façon dont elle parlait de ses domestiques ou pire encore, dont elle s'adressait à eux. Je l'ai vue aussi se fâcher contre le P'tit Toutou, en particulier un jour où le malheureux homme se battait avec « l'électrophone » (comme on disait alors) tout neuf que des amis venaient de leur offrir. Paul appuyait sur tous les boutons à la fois, secouait l'appareil, le maudissait. Hélène, tout aussi incompétente en la matière, affirmait sèchement « qu'un enfant de huit ans aurait compris comment faire », ce qui devait être vrai puisque je mis quant à moi le disque en route sans difficulté quelques instants plus tard. J'avais tout de même près de quatorze ans, mais je mesurai combien la technologie pouvait épouvanter des intellectuels venus tout droit de ce que mon père appelait « le monde d'avant 1914 ».

Si Hélène pouvait être dure, je l'entendais rarement médire. Tout au plus s'amusait-elle de potins, dans lesquels elle aimait à rire des travers de tel ou tel. Un jour cependant, elle crut devoir faire allusion à la soi-disant « mauvaise éducation » de mon père, qu'elle appelait toujours « JJ », en raison de sa propension à être en retard. Je répliquai hautement (j'avais toujours quatorze ans) que je ne voulais pas entendre dire du mal de lui en son absence. Je me rappelle être sorti, drapé dans ma dignité, en claquant la porte. Loin de me tenir rigueur de cette insolence méritée, Hélène n'en fut que plus affable avec moi par la suite.

Affable, et souvent drôle. Un soir, elle raconta comment elle s'était imposé toute sa vie de dormir fenêtres et parfois portes ouvertes.

« Vous n'aviez pas peur des intrus ?

— Au contraire, répondit-elle. J'attendais le cambrioleur avec le plus grand intérêt. S'il était entré, je lui aurais dit : mon ami, asseyez-vous sur cette chaise, nous allons prendre le thé et vous allez m'expliquer pourquoi vous faites cela. Malheureusement, ajoutait-elle à regret tout en riant, personne n'est jamais venu[1]. »

On a dit, on a écrit qu'elle était nazie. Il semble avéré qu'elle l'ait affirmé une fois, bien après la guerre. Je demeure persuadé que c'était par provocation vis-à-vis de gens qui la hérissaient. Une provocation de mauvais goût, dira-t-on, et l'on aura raison. Il faut rappeler une fois encore son attachement à la culture allemande, avec laquelle elle se trouvait de plain-pied. Je l'ai entendue réciter des poèmes de Heinrich Heine, poète éminemment proscrit par le Troisième Reich. L'idéal grec du héros spartiate, mâtiné de sagesse stoïcienne, qui chez elle procédait d'une émotion esthétique, a pu égarer son jugement devant le défilé des Jeunesses hitlériennes. Son horreur du communisme, sa hantise de voir l'Europe orientale bolchevisée, ont pu la pousser vers

---

1. Cette anecdote, déformée et attribuée de manière romanesque à ma mère, Simone Jardin, a été reprise dans un livre récent parlant de ma famille. La vérité est ici.

cette Allemagne momentanément triomphante, au mépris des souffrances et de l'humiliation de la France, sa patrie d'adoption, et de certaines réalités qu'elle ne voulut pas voir. Son antisémitisme, même s'il fut plus atavique que réel, demeure une tache sur une aussi grande intelligence.

Dans la dernière partie de sa vie, j'eus le privilège de converser de temps à autre seul avec elle, alors que j'avais entre vingt et vingt-cinq ans. Ayant en moyenne lu un livre par jour depuis sa prime jeunesse, elle était revenue de la plupart des théories et des modes. Elle me dit, alors que nous évoquions l'avenir, celui de ma génération : « Au fond, le grand échec de ce siècle, c'est que la tyrannie subsiste un peu partout. » N'était-ce pas un aveu indirect qu'elle-même s'était jadis laissé abuser à ce propos ?

L'émotion, parfois, filtrait au détour d'une conversation d'idées. Parlant de l'éducation, elle évoqua un jour la sienne, dans cette Roumanie d'un autre âge, où l'aristocratie se plaisait à corseter les sentiments : « Lorsque j'eus atteint mes vingt ans, on m'avait tant appris à ne jamais laisser paraître mes émotions que j'eus soudain l'impression d'être devenue incapable d'en éprouver. Ce fut un vertige affreux. »

Je lui vis alors venir des larmes, épanchement qu'elle réprima presque aussitôt. Elle avait alors plus de quatre-vingt-dix ans, j'en avais vingt-trois ou vingt-quatre, je venais de recueillir, sans l'avoir sollicité, l'aveu d'une brisure dans un cœur qui se rouvrait.

Dix ans plus tôt, elle m'avait donné quelques leçons d'allemand pour essayer de combler mon handicap dans ce domaine. Nous traduisions un texte, assez illisible, dont le héros portait le nom absolument imprononçable de « Habichtshofsche ». Nous riions beaucoup. Je ne fis guère de progrès mais retrouvai avec elle la complicité que j'avais connue quelques années plus tôt avec une grand-mère qui n'était plus.

De son côté, Paul traversait ces moments si posés de son allure de météore. A tout instant, sa délicatesse et ses attentions pour Hélène ne laissaient aucun doute sur ses sentiments. Je le revois, à soixante-quinze ans, sortir de la salle de bains en portant dans ses bras, enveloppée d'un grand peignoir blanc, son épouse tant aimée. Elle, fragile en apparence, le roc ; lui, constamment insaisissable, foncièrement indépendant, mais en définitive toujours relié à elle. « J'ai si longtemps trouvé en Hélène un réconfort, dans son courage viril... » avoue-t-il dans le *Journal inutile* lorsqu'il la voit diminuer, à son plus grand désarroi. Elle était sa conscience, sa référence quant aux grandes décisions, parfois même son jugement sur les êtres et sur les choses. Ce ne fut pas toujours à l'avantage de Paul. Mais ici comme à chaque fois qu'il le pouvait, il sut s'échapper, sauvegarder la part de liberté indispensable à l'accomplissement de son œuvre. Hélène de son côté eut à cœur de respecter cette évasion. Jamais elle ne l'empêcha de partir, même seul, pour le temps qu'elle savait nécessaire à sa part de rêve et de découverte.

A l'approche de la mort, après la terrible agonie et la disparition d'Hélène, Paul cessa pendant les seize mois qui lui restaient à vivre de brider un désir de fusion qui le hantait sans relâche. Il s'échappa encore, avec quelques amis, cette fois pour mieux conjurer une solitude insupportable. C'est alors qu'il rédigea une instruction secrète, complémentaire à son testament, demandant que ses cendres fussent mêlées, dans le tombeau, à celles de sa bien-aimée.

Le monde et le « beau monde »

Paul Morand aima et fréquenta assidûment aussi bien le monde, le sien, la « bonne société », que le monde qui est à tous, autrement dit la planète.

Qu'était donc « son » monde ? Il a cent visages. Tout d'abord, celui de son enfance et de sa jeunesse, ce milieu d'artistes et de gens de théâtre que recevaient ses parents à Paris, en premier lieu rue Marbeuf puis rue de l'Université. On y croisait Sarah Bernhardt et Lucien Guitry, Suzanne Lalique (la fille du maître verrier) et Auguste Rodin, mais aussi de hauts fonctionnaires, des musiciens.

Très tôt, l'habitude prise par sa famille de séjours en Italie du Nord, sur le lac de Côme puis à Venise, lui donnera le goût de découvrir et de bouger. Son père et sa mère sont à Munich pour plusieurs mois lorsque Paul, qui a échoué à la première session de son baccalauréat, se voit confié à Jean Giraudoux qui séjourne lui aussi en Allemagne, pour répéter ses cours de philosophie. Après le travail, Giraudoux et lui s'échappent dans Munich et ses brasseries. Cette année-là, Paul découvre le sport : « A dix-sept ans, j'ouvris la fenêtre...[...] Soudain, c'était vivre. » Sport, voyages à l'étranger, premières évasions d'un univers assez enchanté, sans ruptures toutefois entre le foyer familial et les premiers amis que ses parents accueillent chaque dimanche à leur table. « Mes parents n'ont jamais essayé de m'influencer. [...] Quand on disait à mon père "Mais qu'allez-vous faire de votre fils ?" il répliquait : "Je veux en faire un homme heureux !" »

Après un séjour d'un an à Oxford, où il s'initie à la poésie anglaise, Paul effectue son service militaire à Caen où il est affecté au service auxiliaire, ce qui lui vaudra trois ans plus tard, à la déclaration de la Première Guerre mondiale, d'échapper à l'enfer des combats. Reçu entre-temps premier au concours des Affaires étrangères, il embrasse aussitôt la Carrière et se retrouve attaché d'ambassade à Londres, peu avant le conflit. Bien qu'il se soit présenté normalement lors de la mobilisation, et momentanément incorporé dans les zouaves, il sera maintenu dans l'auxiliaire et rétabli à son poste civil à Londres. Arrêt du destin contre lequel Paul ne se rebelle pas. Ce privilège insigne de ne pas connaître le front n'exclura pas la lucidité. Bien plus tard, dans *Venises*, Morand mesure « le poids de ses habits civils » durant cette guerre. Peut-être faut-il voir là l'une des causes, et non des moindres, de ce courage physique qu'il manifestera toute sa vie comme une revanche, face aux éléments naturels, courage situé en antithèse de ses fuites face aux êtres.

Ayant échappé à la guerre, il va se débrouiller remarquablement pour trouver des compensations aux obligations trop fastidieuses de ses débuts de jeune diplomate. C'est, dès sa prise de fonctions en 1913, la fréquentation de salons londoniens en vue, notamment les dîners de lady Asquith, la femme du Premier ministre. C'est aussi, dès sa nomination à Madrid au printemps de 1918, un entregent certain pour participer à la vie artistique, rencontrer Marie Laurencin et Diaghilev, tous deux exilés de France. En 1920, Paul est nommé à Paris auprès de Philippe Berthelot, secrétaire général du Quai d'Orsay. Berthelot, esprit fin et remarquable qui fréquente l'intelligentsia parisienne, le marquera pour la vie. C'est lui qui lui présente Paul Claudel. Au Quai, son supérieur hiérarchique s'appelle Jean Giraudoux.

Dès avant 1918, Morand a fait la connaissance de Misia Sert, ex-femme de Thadée Natanson, le fondateur de la *Revue blanche*, elle-même amie intime de Coco Chanel. Par elle, Paul est mis en relation avec une grande partie de ce que le Paris de l'entre-deux-guerres va compter d'artistes et d'écrivains éblouissants, Vuillard, Bonnard, Derain, Georges Auric, Darius Milhaud, Jean Cocteau. C'est à cette époque que Paul rencontre Hélène, sa future femme. Il a raconté le feu d'artifice que constituaient les rencontres quasi quotidiennes de Radiguet et de Brancusi, de Cocteau et du poète surréaliste Max Jacob, d'Erik Satie, Francis Poulenc, Picasso, Jean et Valentine Hugo, de Chanel et de lui-même, sans oublier bien entendu, mais toujours en marge des autres, Marcel Proust, dont la préface à *Tendres Stocks* avait contribué à le lancer. C'est l'époque du Bœuf sur le toit, le cabaret de la rive droite où tous se retrouvent le soir.

«Vous travailliez quelquefois? lui demande-t-on.

— Oui, énormément, mais dans la joie et la bonne humeur, à côté de ces rencontres entrecroisées et spontanées. Nous vivions les uns chez les autres. »

Cela étant, Morand demande dès 1925 des congés qui l'autorisent à satisfaire son goût du voyage. Il fait à ses frais un premier tour du monde. A partir de l'année suivante, il obtient une « mise à disposition » puis en 1927, peu après son mariage, sa mise en congé du ministère des Affaires étrangères. Il voyage tout le temps, sillonnant la planète dans un sens, puis dans l'autre, étudiant de près et décrivant villes, pays, psychologies, mœurs indigènes dans des ouvrages où s'affirme l'originalité de son style. *Rien que la Terre*, *Bouddha vivant*, *Le Voyage*, *Magie noire* paraissent successivement à cette époque. Il rédige ainsi, parallèlement à ses nouvelles déjà connues, la première partie d'une œuvre qui lui vaut très vite la célébrité... et de forts tirages (jusqu'à trois cent mille exemplaires). Morand est à ce moment-là l'une des locomotives des éditions de la Nouvelle Revue Française et de Bernard Grasset. Cette prospérité personnelle, adossée à la fortune de son épouse, alors conséquente, fait de lui un homme extraordinairement libre de ses mouvements. Pour lui, le voyage est salvateur. Les délices de la vie parisienne des Années folles, les amitiés multiformes, les soirées brillantes, où il semble passer avec bonheur au-dessus des intrigues et des chausse-trappes, ne l'abusent pas, malgré son goût pour les paillettes. Plus tard, il confessera sa désillusion et son inquiétude, éprouvées dès 1925, quant à l'évolution de l'Europe, voyant venir le spectre d'une nouvelle guerre.

A l'issue de celle-ci en 1945, il lui faut encore s'évader. Cette fois-ci, il s'agira d'échapper à la vindicte de l'épuration qui, en France, a fait momentanément de lui un proscrit. Après l'exil forcé en Suisse, il renoue avec Paris, un Paris moins clinquant, celui de jeunes auteurs qui viennent chercher un parrainage ou qui tout simplement l'admirent, Roger Nimier, Michel Déon, Jacques Laurent, Antoine Blondin, ou encore celui de ses amis proches, Kléber Haedens, Maurice Rheims, Marcel Schneider et bien sûr Jacques Chardonne. Mais il se garde sans cesse la liberté de « fuir au désert », que ce soit sur les bords du Léman ou dans quelque ermitage lointain. Toujours ce goût, ce besoin du contraste : être brûlé par un soleil ardent, puis, sans transition, s'immerger dans l'eau glacée qui régénère, rituel joliment évoqué dans *Bains de mer, bains de rêve*[1].

Selon les moments, la résidence de Paul et Hélène à Vevey est à intervalles réguliers une retraite où, mettant à profit leur solitude, Paul réunit les documents et les notes qu'il a glanés un peu partout et se consacre à l'écriture. Pour l'avoir vu travailler, je peux témoigner du soin infini qu'il apportait à la préparation de ses ouvrages : carnets de voyages, annotations détaillées sur tout ce qu'il visitait, observait, remarquait ; rencontres, entretiens, investigations historiques, rien n'était à négliger. Le Château de l'Aile est pour lui la terre d'asile où il rédige et achève un grand nombre de ses ouvrages d'après-guerre, comme en atteste une plaque apposée aujourd'hui sur la façade de l'édifice.

En d'autres périodes, ce lieu devient, surtout sous l'influence d'Hélène, une succursale de leur salon parisien. Ils y accueillent pour des thés où l'on se presse volontiers, la reine Victoria d'Espagne en exil ou la veuve d'Arthème Fayard, toutes deux établies à Lausanne et autour de qui gravite un microcosme plus ou

---

1. La Guilde du Livre, Lausanne, 1960 & Arléa, Paris, 1990.

moins marqué par les lendemains politiques de la Libération. On y rencontre le critique et essayiste Edmond Jaloux, le poète André Germain, le dramaturge Pierre Sabatier d'Espérant, mais aussi Jean Cortot (le fils d'Alfred) ou Igor Markevitch. Au printemps, qui est un enchantement sur les bords du lac, les amis les plus proches, tels que Cocteau ou Roger Nimier, font des séjours de plusieurs semaines.

« Bien que monumental, ce coin de lac garde une tenue parfaite et une inaltérable beauté, résistant aux fadeurs de l'album et aux banalités d'une poésie à redites. Les sens n'y sont jamais las. C'est le chef-d'œuvre de la mesure[1]. »

Enfin le couple Morand, malgré quelques animosités tenaces, n'est pas entièrement dédaigné de la société suisse. Invités l'hiver à Saint-Moritz, ils fréquentent près de chez eux Maurice Sandoz, poète, compositeur, mécène, l'un des représentants de la dynastie du même nom, frère d'Edouard-Marcel Sandoz, le sculpteur. Il habite entre Vevey et Montreux une des très belles propriétés de la région, où il collectionne les automates anciens et les œuvres d'art. Une amusante photographie de cette époque

---

1. Préface à *Vevey*, éditions Mermod, Lausanne, 1955.

montre Paul et Hélène prenant le thé sur la terrasse en compagnie du maître de maison et de Charlie Chaplin.

Le 30 janvier 1975, un mois avant la mort de sa femme, Morand est fait citoyen d'honneur de la ville de Vevey. Cette distinction locale, loin de le faire sourire, est pour lui un signe de reconnaissance et d'adoption. La plaque commémorative apposée à son ancien domicile veveysan mentionne qu'il y passa de nombreuses années, « les plus heureuses de ma vie », a-t-il avoué.

Belle vie et solitudes

Si l'enfance et la prime jeunesse ont, chez Morand, éveillé et développé le sens du raffinement, le goût des belles choses, la fréquentation d'esprits singuliers, il est certain, dès l'accès à l'aisance que lui procurent son mariage et ses succès littéraires, qu'il va de surcroît rechercher un luxe auquel sa nature n'est pas insensible. « Oui, j'ai eu une belle vie », confessera-t-il sur sa fin face aux jalousies et critiques qui n'ont pas manqué de se manifester. Ou encore : « Pendant longtemps, j'ai été simplement comme un oiseau qui chante sur le sommet d'un arbre. » Aveu tardif de la jubilation éprouvée tout au long d'une existence qui, si elle eut sa part d'ombres, se déroula sous de bons auspices.

Ce luxe, ce sont d'abord les nombreuses portes qui s'ouvrent pour lui très tôt sur des salons et des dîners en ville « où l'on s'amusait beaucoup ». Outre le milieu des écrivains et des artistes, Morand est bientôt reçu dans celui des hauts fonctionnaires du Quai d'Orsay (les Philippe Berthelot, Emmanuel Bibesco), de la diplomatie étrangère ou du personnel politique international avec lesquels il s'est familiarisé depuis ses débuts dans la Carrière.

Quand il se rend au Mexique avec Hélène, juste après leur mariage en janvier 1927, c'est par le ministre des Affaires étrangères de ce pays, Genaro Estrada, qu'ils sont accueillis et pilotés dans Mexico. Le spectre de ses relations va s'élargir peu à peu à des financiers liés à la famille de sa femme, à des industriels (Solvay, les Schneider), à de riches hommes d'affaires (Paul-Louis Weiller), à la haute aristocratie (les Brissac, Broglie, Noailles, Harcourt).

Entre les dîners s'intercalent les soirées et les bals, brillants et nombreux dans le Paris d'avant 1940, notamment les bals costumés à thème : Paul apparaît en cardinal de la Renaissance au bal de Suzanne Lalique en 1910, métamorphosé en chien saint-bernard en 1922 à l'un des bals somptueux qu'Etienne de Beaumont organise périodiquement dans son hôtel particulier de la rue Masseran, dans le VIIe arrondissement. C'est, croit-on, de cette soirée que daterait l'habitude prise par Hélène d'appeler Paul « mon P'tit Toutou ». En 1928, au bal 1900 chez la princesse de Faucigny-Lucinge, le couple Morand apparaît en personnages de Proust, lui est Charlus, elle Mme Verdurin. Le bouquet final de ces réjouissances magnifiques se tient à Venise, en septembre 1951, lorsque Charles de Beistegui offre au palais Labia un bal resté fameux dans les annales mais où Morand voit, de manière pathétique, les derniers feux jetés par une Europe à l'avenir de laquelle il ne croit plus du tout. A Josée de Chambrun, à qui il relate l'événement avec un grand luxe de détails, il confie : « Vous avez manqué la dernière fête européenne. »

Tout au long de l'entre-deux-guerres, les voyages se sont succédé dans le monde entier et presque toujours dans d'excellentes conditions puisque Morand, accompagné ou non de sa femme, part en groupe ou est accueilli sur place par des relations, que celles-ci émanent du Quai d'Orsay ou du milieu littéraire. Il s'y ajoute les croisières : en 1928 en Méditerranée avec les Fabre-Luce et les Edouard Bourdet; en 1931 sur le yacht d'André Embiricos, un parent d'Hélène, qui les conduit en Egypte et en Palestine ; en 1935 sur *Alphée*, le bateau d'Hélène Vacaresco où ils visitent les îles grecques.

Le luxe encore avec l'avion que Paul Morand expérimente dans les années vingt et dont il fera dans la décennie suivante un large usage pour ses déplacements en Amérique. En 1932, il préside à l'inauguration du vol régulier Salonique-Paris, peu avant d'être personnellement mis à la disposition du ministère du Tourisme, où on le chargera de promouvoir le rayonnement français à l'étranger.

Le luxe toujours avec les voitures. A la fin de sa vie, Paul avouera en avoir possédé trente-cinq, toutes de modèles différents, parmi lesquelles une forte proportion d'automobiles de sport. On le voit, vers 1935, photographié au pied de la tour Eiffel (« à l'ombre de laquelle j'aurai vécu ») dans une Bugatti de course, avec tenue et lunettes de coureur, dans une expression de si extraordinaire contentement qu'on a envie d'en rire. Je l'ai quant à moi vu faire dans les années soixante une arrivée remarquée chez mes parents en s'extrayant de la fameuse Mercedes Papillon dont les portières s'ouvraient vers le haut. Arrivée encore plus remarquée, quelques années plus tard : Pascal Jardin, mon frère aîné, l'avait invité à déjeuner dans sa maison de vacances à Houlgate. Il avait averti ses amis présents, tous issus du milieu du cinéma ou du show-biz et tous dans la trentaine, qu'ils allaient rencontrer Monsieur Paul Morand, de l'Académie française, écrivain âgé et très illustre. Comment ne pas se rappeler leurs mines ébahies lorsqu'ils virent surgir dans un ronflement de moteur et soulevant un nuage de poussière une Porsche Carrera dont Paul et Hélène, alors tous deux octogénaires, sortirent non sans peine mais avec une jubilation qu'ils ne songeaient même pas à dissimuler. Ce fut, de part et d'autre, le rendez-vous de deux planètes qui s'observèrent d'un air incrédule, parlèrent deux langues différentes, firent, bien en vain, assaut d'amabilités qui tombèrent plus à plat que des feuilles mortes. Mon frère et moi en avons ri chaque fois que nous en reparlions, longtemps après.

Si, pour soutenir cette vie mondaine, les Morand étaient reçus un peu partout, ils recevaient eux-mêmes fréquemment, ayant, de par leur résidence parisienne, les moyens de le faire, au besoin avec magnificence.

D'abord locataire d'un atelier d'artiste dans le XVe arrondissement, alors qu'il était encore célibataire, Paul s'installa chez son épouse en 1927, au lendemain de leur mariage. Hélène avait fait construire en 1905 près du Champ-de-Mars, au 5 avenue Charles-Floquet, ce qui sera probablement l'un des derniers hôtels particuliers bâtis à Paris. Elle en habitait le rez-de-chaussée et l'entresol, laissant les étages à la location. Le grand salon, occupant dans sa longueur toute la distance allant de l'avenue au Champ-de-Mars, tenait à la fois de la chapelle, de la salle de bal, de la salle de spectacle. Et ce devait être un spectacle, en effet, d'y voir évoluer dans les années vingt les figures parisiennes de ce qui constituait alors, avec celui d'Anna de Noailles, l'un des ultimes salons littéraires. Marcel Proust y est venu à bien des reprises, y croisant Paul Claudel, Jean Giraudoux, Edouard Bourdet, Jean Cocteau. Plus tard, après la Seconde Guerre mondiale, y passèrent surtout des amis intimes, André Fraigneau, Kléber Haedens, Roger Nimier, Jacques de Lacretelle, Edmond Jaloux. Les déjeuners s'y firent alors plus rares, mais peut-être plus vibrants.

En fait, trois ou quatre espaces indépendants les uns des autres mais reliés harmonieusement y emplissaient l'immense surface de ce salon, haut de sept mètres : de chaque côté d'une cheminée monumentale trônaient deux armoires Ming incrustées de nacre, rapportées, disait-on, d'un temple à Pékin ; côté rue, un grand canapé chinois couvert de fourrures ; à l'opposé, près d'une fenêtre palladienne ouvrant largement sur le jardin privatif et le Champ-de-Mars, le « salon d'été », plus lumineux, meublé de sièges Louis XVI plus légers ; derrière un haut paravent de Coromandel, le coin le plus intime, réservé aux petits groupes. Le fait que la pièce d'Edouard Bourdet *Le Sexe faible* y ait été représentée en avant-première en 1929 donne une idée des possibilités du lieu. A mi-hauteur, une loge grillagée d'or permettait aux musiciens, les soirs de gala, de jouer sans être visibles.

Le hall d'entrée, presque aussi vaste que le salon, desservait le reste des pièces. Une galerie en ceinture, à laquelle on accédait par un escalier en bois ouvragé, menait au bureau de Paul situé en entresol et aux petits appartements annexes. Des meubles Boulle, une collection de bouddhas, des lits andalous, des objets d'art rapportés d'un peu partout donnaient à l'ensemble cet air à la fois solennel et très personnel que l'on retrouvait, en moins prestigieux, au Château de l'Aile, en Suisse.

Pour ma part, les visites que je fus admis à

y faire à partir de 1965 me laissèrent une impression qui tranchait singulièrement sur ce qu'avait dû être la ronde étincelante des Années folles. Invité avec mes parents à l'heure du thé, je revois, dans un coin de la « cathédrale » plongée dans la pénombre, une vieille dame menue et droite, assise sur un fauteuil près d'une petite table éclairée par une toute petite lampe, un livre à la main, un chat persan sur les genoux drapés d'un plaid. Les ors et les lustres étaient éteints, c'était le reflet d'un monde fané, un monde qui avait dû être grand, je le sentais sans le savoir à l'époque.

Lorsque, après la mort d'Hélène en 1975, j'habitai une année durant le petit appartement communicant que Paul avait mis à ma disposition, mon impression fut paradoxalement moins triste. J'étais pris par nos entretiens, je l'emmenais parfois au cinéma : « Visconti, me disait-il, ses films démarrent très lentement mais ensuite le rythme est bon et la justesse de ton parfaite. » Une autre fois, à propos d'*Adèle H*, le film de François Truffaut : « Je n'aime pas cette actrice qui prétend au rôle de tragédienne, elle a l'air là-dedans d'une dactylo éplorée. » Et encore : « D'Ormesson, comme Proust, parle des gens du grand monde ; son avantage sur Proust, et peut-être aussi son désavantage, c'est qu'il en fait partie. »

Je me rappelle aussi deux êtres qui amenaient leur lot de gaieté : Amparo, la concierge dont la loge jouxtait l'entrée de service, était une Espagnole volubile et enjouée, d'un dévouement exemplaire pour Paul, à qui elle préparait souvent son repas.

D'un autre côté, Paul eut jusqu'à sa mort à son service Raymond, dont j'ai déjà parlé en évoquant le voyage en Bretagne. Ce valet de chambre, comme le rappelle Morand lui-même dans le *Journal inutile*[1], savait tout faire : maître d'hôtel, cuisinier, cordonnier ; il retapissait les fauteuils du salon, raccommodait les costumes du maître de maison et... ô luxe suprême pour moi, m'apportait en semaine mon petit déjeuner dans ma chambre. Je me retrouvais chaque matin dans une comédie de Sacha Guitry, d'autant plus que Raymond parlait exactement sur le même ton emphatique que Sacha : « Ah ! Monsieur, me disait-il certain jour à propos de Paul, Monsieur a mal dormi cette nuit. Monsieur n'est pas bien aujourd'hui. Mais Monsieur n'est pas raisonnable, il a fait des excès, il est sorti hier soir ! »

---

1. Tome 1, page 169.

Et encore : « La maison se délabre (il levait les bras au ciel)... Que voulez-vous, Monsieur et Madame n'ont pas su gérer leur bien. Moi, Monsieur, tout larbin que je suis, j'ai du bien en vallée de Chevreuse ; eh bien, je sais ce que c'est que de gérer ses affaires ! »

Au cours de cette dernière année, je surpris encore quelques allées et venues de familiers de la maison, d'amis fidèles, venant successivement et presque toujours seuls, car ils savaient Morand très éprouvé par son veuvage. Maurice Rheims venait voir si Paul ne manquait de rien ; Jean d'Ormesson téléphonait ou passait, laissant son interlocuteur toujours heureux de sa visite ; Michel Déon rendait compte d'une séance à l'Académie à laquelle Paul n'avait pu se rendre (ce qui était rare) ; Marcel Schneider, plein d'attentions, racontait un dîner ; Patrick Modiano venait écouter (on sait qu'il déteste parler) ; Elvire de Brissac aidait Paul à trier sa correspondance. Au cours de cette période, je ne vis guère qu'un seul grand déjeuner, dans la belle salle à manger Louis XV aux boiseries de chêne ciré, déjeuner auquel j'avais été convié : il réunissait Marie-Pierre de Brissac, alors Mme Simon Nora, sœur aînée d'Elvire, leur frère Gilles qui créait à l'époque l'admirable jardin d'Apremont, sur les bords de l'Allier, Elvire elle-même et Patrick Modiano avec qui j'évoquai les charmes d'Evian en hiver. Ce fut délicieux, comme un murmure qui allait mettre tout doucement fin à un gigantesque cortège d'amitiés et de relations immémoriales.

Je me rappelle avoir vu sortir un jour François-Marie Banier, venu présenter son dernier livre.

« Que pensez-vous de lui ? dis-je.

— Eh bien, répliqua Morand d'un ton de professeur en Sorbonne, c'est exactement le jeune homme d'aujourd'hui, avec la grande perruque Louis XIV. »

Il détestait les cheveux longs de l'époque, mais c'était surtout sa manière de ne pas répondre.

Tout ce luxe, ces raffinements et, il faut bien le dire, ces privilèges d'une vie heureuse n'empêcheront pas Morand de se soustraire régulièrement à ses habitudes pour mieux se retrouver. S'il y eut d'innombrables voyages, ceux-ci furent toujours féconds, prétextes à l'observation, au compte rendu systématique qui nous ont valu quelques-uns de ses plus beaux livres : New York vers 1930 où il « hennissait de joie » ; Londres qu'il aima tant et qu'il connut mieux que quiconque en France ; l'Espagne qui le fascinait et dont il fit, en étranger, l'un des rares portraits dans lequel les Espagnols se reconnurent (*Le Flagellant, La Folle amoureuse* et bien d'autres textes).

Si la vie de Morand connut beaucoup d'échappées volontaires, elle essuya aussi des retraites subies. Ainsi, en 1944, lorsque le gouvernement de la Libération le congédie sans titres ni pension et que, interdit de publier dans son propre pays pendant plusieurs années, il se voit contraint à l'exil en Suisse, à peu près sans ressources car ses comptes sont bloqués en France et la fortune d'Hélène passablement altérée par la guerre. Il s'installe avec elle et le petit-fils de celle-ci à Maryland, une villa délabrée située sur les hauteurs de Montreux. Ma mère, qui se lie avec le couple à partir de cette époque, alors que mon père, qui a toujours eu des amitiés qui lui étaient propres, connaissait et fréquentait Paul depuis 1935, me racontera qu'ils y vivaient de châtaignes entassées dans une baignoire et de quelques légumes du jardin. Paul descend par les sentiers abrupts jusqu'au bord du lac où il lit les nouvelles à la devanture des marchands de journaux. Mais ce qui lui pèsera le plus n'est pas la rusticité de ce type momentané d'existence ; il a connu le camping sauvage sur les hauts plateaux des Andes ou d'Ecosse, les nuits froides des refuges de montagne, les habitats précaires d'Afrique. Non, ce dont il souffre plus que tout, c'est l'immobilité imposée. Il enrage : « … Je retombai sur moi-même ; alors que j'avais été la personne la plus sorteuse [*sic*], la plus nomade du monde, je vécus en essayant méthodiquement de me préparer à ne plus vivre. J'y réussis mal[1]. » Le 27 septembre 1945, il écrit à son amie Charlotte Fabre-Luce : « Je suis guéri du luxe et débarrassé des faux amis… » Ici Morand, relativement épargné par la guerre et ses suites, connaît sa propre « épuration ». Lorsqu'il quitte en 1948 Maryland pour s'établir à Vevey dans le château Walter Scott que j'ai décrit plus haut, l'exil lui pèse déjà moins. Vevey, jusqu'à sa mort, demeurera la retraite préférée où, voué à Hélène et à l'écriture, il aime à se retrouver lui-même. Entre une excursion à Zermatt et une cure aux bains de Loèche, dans le Valais, il y rédige la part importante que l'on sait de son œuvre d'après-guerre, loin des rumeurs et des agitations parisiennes. Il y goûte une vie simple.

---

1. Préface de l'édition 1957 d'*Ouvert la nuit*.

Vers 1955, il avoue à mes parents le plaisir qu'il éprouve à jouer au football avec le club local des facteurs.

Les voyages reprennent vite. Au printemps 1949, alors qu'il est à Séville chez son ami le poète Murube, il découvre à l'Académie San Fernando la palette de Goya, avec ses couleurs séchées, intactes depuis la mort du peintre. Paul a aussitôt envie, comme il le raconte lui-même, de « remployer ces couleurs » : elles lui inspirent l'idée du *Flagellant de Séville*, peut-être son plus beau roman. Il s'installe pour deux mois où, vivant presque en solitaire, ne voyant que des Espagnols, il travaille assidûment, fréquentant les bibliothèques, prenant des notes et des repérages de toutes sortes quant à la vie sévillane au début du XIXᵉ siècle. Il y retourne en 1950, se réservant un appartement près de l'Alcazar pour mieux poursuivre et achever son ouvrage.

En 1950, les Morand louent pour plusieurs années la villa Shakespeare dans les hauteurs de Tanger, alors ville internationale. Ils y passent tout l'hiver 1951-1952 tandis que l'appartement de Paris est donné en location. Paul est fasciné par le cosmopolitisme d'une cité qui n'appartient à ce moment à personne et où « tout le monde passe » sans réellement demeurer. Il y fait probablement la ou les rencontres qui lui inspirent *Hécate et ses chiens*, sa nouvelle la plus trouble, la plus marginale. Il en revient pour apprendre en juillet 1953 sa réintégration dans les cadres du Quai d'Orsay.

A partir de 1955, Paul et Hélène retournent habiter Paris mais, dès les années soixante, n'y feront plus que de brefs séjours, ponctués de quelques traditions que Paul affectionnait particulièrement, comme les déjeuners que Florence Gould offrait à intervalles réguliers à ses amis au restaurant de l'hôtel Meurice, rue de Rivoli, ou encore ceux de Josée de Chambrun chez elle, place du Palais-Bourbon, célèbres pour le grand art de la table qu'y appréciaient des hôtes très choisis. S'y ajoutèrent bientôt les obligations engendrées par l'élection de Paul à l'Académie française, à laquelle il avait posé sa candidature dès 1936 et échoué trois fois, notamment en 1959 du fait du veto du général de Gaulle, alors président de la République, lequel, en tant que protecteur de l'institution, détient traditionnellement le droit de donner ou non son approbation à l'élection d'un candidat. En 1968, le Général change d'attitude et Paul Morand est élu, enfin. Certains y ont vu un paradoxe de plus chez cet homme d'un naturel si indépendant. On a dit que son épouse l'avait beaucoup poussé à se présenter. J'y vois de mon côté la persévérance du sportif; un coureur de fond n'aime pas l'échec.

Après la mort d'Hélène, Paul, accablé par le chagrin, renoue cependant pour le peu de temps qu'il lui reste, avec son goût de l'évasion. Mais s'il part tour à tour pour l'Ecosse, l'Irlande, la Bretagne ou la côte ligure en Italie, c'est pour fuir sa peine et sa solitude. Là, plus de luxe, mais des auberges, des petits hôtels simples pour partager avec un ou deux amis la joie de découvrir ou de revoir, une fois de plus, une fois encore...

*Un grand enfant
qui n'aimait pas les gosses*

En aucune circonstance de sa vie, Paul Morand ne semble s'être trouvé à l'aise en présence des enfants. Il avouait ne pas s'intéresser à eux et, comme je l'ai dit, il fallut que j'atteigne l'âge de quatorze ans pour qu'il daigne s'adresser à ma personne. Les prémices de nos relations furent d'ailleurs exemptes de toute douceur puisque ma mère eut un jour la stupéfiante surprise de trouver Paul, chez nous, dans le jardin, faisant une passe de handball avec l'un de mes frères aînés : le ballon, c'était moi, alors âgé de trois mois. En me racontant l'histoire par la suite, on eut soin de me préciser qu'ils avaient été adroits ce jour-là...

Je garde en mémoire une autre scène burlesque dont je fus, nettement plus tard, non plus l'acteur malgré lui mais le témoin. Paul, qui faisait une visite à mes parents, avait été introduit dans le salon où il attendait seul. Au bout de quelques instants, Emmanuel, un petit garçon joufflu de quatre ans, qui était le fils aîné de mon frère Pascal, et mon filleul, pénétra seul dans la pièce. Curieux de ce qui allait se passer, je demeurai personnellement aussi invisible qu'observateur dans l'entrebâillement de la porte. Emmanuel tenait à la main un ours en Celluloïd qu'on venait de lui offrir. D'un geste affectueux, il s'approche de Paul, assis sur le divan, et pose le jouet sur les genoux du visiteur, comme une offrande. Déconcerté, Paul saisit l'ours et le jette à la figure de l'enfant qui, d'abord surpris, fait mine de pleurer puis à son tour le jette sur Morand. Ce dernier, au lieu de calmer le jeu, projette à nouveau avec violence l'objet si peu désiré à la tête de celui qui est devenu à son corps défendant son partenaire. Le bambin rit fort et trouve finalement le jeu très à son goût. Sur ces entrefaites, mon père entre dans le salon devenu ring de boxe et surprend mon parrain (Morand), dont le regard trahissait la panique, en plein pugilat avec le filleul... de son filleul.

Une des victimes de cette inhibition devant

l'enfance fut certainement le pauvre Jean-Albert de Broglie. Rappelons qu'Hélène, que Paul épousa en 1927 et qui n'eut pas d'enfants de lui, avait été mariée en premières noces au prince roumain Soutzo. De cette union, elle eut une fille, Marie-Georgette, dite « Papillon » (on ne la connaît guère que sous ce surnom), « mariée » très jeune au prince Amédée de Broglie. La société parisienne jasa beaucoup sur cette union quasi forcée avec un homme qui, dit-on, était dénué de toute séduction. Il en naquit en 1929 un garçon, Jean-Albert, dont Hélène assuma l'éducation à partir de la disparition tragique de Papillon, trois ans après l'accouchement. Jean-Albert venait enfant chez mes parents avec sa grand-mère. Il était intelligent, curieux de beaucoup de choses, mais indolent, efféminé et, dès l'âge de vingt ans, devint obèse sous l'effet d'une forme d'hydropisie incurable. Il est mort à l'âge de quarante-quatre ans, laissant un livre ésotérique d'un hermétisme extrême[1].

Jean-Albert fut à la fois l'exaspération permanente et, après sa mort, le sourd regret de

---

1. *Le Sablier d'or, recherche sur l'œuvre alchimique*, Flammarion, 1971.

Paul. Il était évident que celui-ci ne pouvait souffrir ce personnage imposé à sa vie privée et qui incarnait tout ce qu'il détestait. Jean-Albert, qui ne manquait pas d'esprit, disait d'ailleurs à trente ans : « Ce n'est pas de chance ! Grand-Maman et Paul m'auraient voulu grand, blond, sportif et viril. Je suis tout le contraire. »

Hélène, qui avait le caractère fort et dur que l'on sait, fit payer cher à son petit-fils la dépendance dans laquelle il fut par rapport à elle jusqu'à son émancipation, due à un heureux héritage.

J'avoue quant à moi que je ne l'aimais pas beaucoup. Profitant des absences de mon père, il s'invitait régulièrement à la maison pour causer avec ma mère, qui ne dédaignait pas sa conversation. Lorsque je le voyais poser son énorme derrière sur le canapé du salon, je savais qu'il serait encore là cinq ou six heures plus tard. La protection infaillible mais étouffante de sa grand-mère, assortie d'une bonne dose d'injustice à son égard, son physique mal accepté avaient engendré chez lui de l'aigreur, manifeste lorsqu'il évoquait mon père, dont il soutenait mal le regard pas toujours amène à son endroit. Ses propos suscitèrent de ma part à plusieurs reprises des fureurs que mon jeune âge exacerbait.

Un jour que nous évoquions Jean-Albert, Morand me dit, comme dans une confession : « Jean-Albert a grandi à mes côtés sans que je veuille lui prêter attention. Il m'agaçait et me heurtait en tout. Puis il a quitté la maison, est mort jeune sans avoir eu vraiment le temps de vivre. Et je me rends compte maintenant qu'il y avait en lui une vision des choses hors du commun, presque prophétique. Je m'en veux de cet aveuglement. » Cette sincérité m'impressionna. J'étais conscient de l'humilité que requérait une telle déclaration, faite par le vieil homme célèbre et couvert d'honneurs à ma jeunesse encline à l'intransigeance. J'avais pu jusqu'à cet instant apprécier sa sensibilité. Je compris ce jour-là que derrière l'apparente sévérité du personnage, à l'abord toujours froid et malaisé, se cachait aussi un cœur. A cet égard, le témoignage le plus fort ne provient-il pas d'ailleurs de celle qui partagea sa vie pendant près de soixante ans ?

En 1955, Hélène adressait une lettre vibrante

---

1. Citée dans la biographie de Ginette Guitard-Auviste, annexes, p. 379.

à leur amie de toujours, Denise Bourdet[1]. Celle-ci, qui souhaitait écrire un portrait de Morand, l'avait prié de lui adresser par écrit quelques points de repère. Le contenu de ces notes déçut Hélène qui en avait eu connaissance. Elle décida d'apporter sa contribution pour documenter Denise Bourdet, tant elle trouvait que son époux s'y était bien injustement décrié lui-même.

Dans cette lettre où apparaît, outre ses propres dons épistolaires, l'amour qu'elle portait à Paul, Hélène met en évidence trois choses : l'inaptitude au bonheur de son P'tit Toutou, trahie par son perpétuel désir d'être ailleurs ; sa capacité de mansuétude et d'attention pour les autres occultée par son impatience, sa froideur ou sa distance ; enfin, dit-elle, « Paul n'est pas si facile à connaître. Il y a beaucoup en lui de l'enfant ». Et elle reconnaît en passant que par dessein de la Providence, ils ont été au cours de leur vie tous deux « miraculeusement protégés ».

Oui, qui a vu Paul Morand piaffer à l'approche d'un départ en voyage, s'émerveiller à l'automne devant les couleurs d'un sous-bois, s'émouvoir a la vue d'un bel animal, celui-là sait qu'il avait su garder une âme d'enfant.

Chaque année, en octobre, un des plus beaux cirques du monde, le cirque Knie, fait à Vevey, sur la grand-place située en plein centre de la ville, une halte de trois ou quatre jours. Elle apporte à ces lieux une magie qui ne fait pas la part belle aux indifférents. Toute la cité court derrière ses enfants émerveillés, les enfants, « le public le plus difficile de la Terre », disait Cocteau. Il faut avoir vu Paul et Hélène, âgés respectivement de quatre-vingts et quatre-vingt-neuf ans, appuyés l'un sur l'autre pour visiter la ménagerie et s'attendrir à la vue des lionceaux ou des jeunes tigres. Il faut avoir vu Paul rêver devant la cavalerie du cirque que la famille Knie dresse en haute école depuis des générations : les étalons lipizzans de l'Ecole espagnole de Vienne, les palominos à la robe d'or et aux crins de platine, enfin les frisons noir de jais, leur tête massive à la Géricault, leur chevelure de femme, leur port de tête altier, l'encolure arrondie, leurs allures magnifiques, les pieds levés haut pour le passage. Une année, je trouvai Paul seul en contemplation devant le rhinocéros :

« A quoi pensez-vous ?

— J'aurais voulu être aimé d'une bête comme ça », dit-il...

Portrait de l'homme de lettres
en cavalier

Il ne fait guère de doute sur un point :
l'homme qui nous a laissé une œuvre abon-
dante, riche d'une curiosité inlassable et d'un
style neuf, d'une cadence et d'une inspiration
qui font de lui l'un des écrivains français
majeurs au XXe siècle, cet homme-là continue,
au-delà même de la mort, de susciter des réac-
tions mitigées, dont certaines vont de la réticence au dénigrement systématique.

Certes, il y a chez ce grand enfant « le sale
gosse », le Morand qui, au cours d'un voyage en
Afrique noire dans les années trente, rencontre
par hasard le grand reporter Albert Londres et,
après un ou deux jours d'aimable cohabitation,
lui barbote le matériel de brousse que Londres,
parti pour quelques jours, avait laissé sous sa

garde. Le Morand qui s'éclipse des soirées où il s'ennuie sans dire au revoir. Le Morand mal vu, après guerre, pour son attitude sous l'Occupation. Le Morand interdit de séjour à certaines adresses pour avoir regardé d'un peu trop près la maîtresse de maison.

Au demeurant, il ne s'est pas ménagé dans les rares évocations qu'il fait de lui-même. S'il se dénigre dans les notes destinées à Denise Bourdet, il décide de se montrer sans fard lorsqu'il livre à la postérité son *Journal inutile*. « Il n'intéressera personne, ne sera pas lu, desservira ma mémoire et n'expliquera rien, même pas moi-même » (24 juillet 1972). Comme toujours quand il parle de lui, Morand a tort et raison à la fois. Tort, parce que le *Journal* sera lu et apprécié, non seulement des amateurs d'anecdotes et de confidences en forme de règlement de comptes, mais également de ceux qui aiment chez Morand liberté de jugement et sincérité. Raison, parce qu'il est vrai que n'honorent pas à l'excès sa mémoire certaines idées, allergies, habitudes dont il est fait état, la détestation systématique des homosexuels, l'antisémitisme récurrent, un certain mépris de la femme ou encore l'inintéressante glorification des prouesses d'un corps vieillissant.

Je dois à la vérité de dire que ces travers-là n'affleuraient jamais dans les conversations que j'avais avec lui à la fin de sa vie. Il s'agissait plutôt d'évoquer tout ce qui conduit à célébrer l'existence ou à en interroger le sens. Il avait une conception assez obscure de ce sens, dont il acceptait le principe mais qu'il voyait caché. Il citait son père, libre-penseur et positiviste : « Dieu a raté ce monde. Pourquoi aurait-il mieux réussi l'autre ? »

Un jour que, revenant de vacances, j'eus l'imprudence de constater tout haut le délabrement physique de sa femelle chow-chow, il me rétorqua, avec une expression terrible : « Elle a cette horrible maladie qu'on appelle la vieillesse. » Je sentis que j'avais perdu une occasion de me taire.

Il ne faudrait pas en déduire que Morand était ingrat envers ce que la vie lui avait offert. Il eut à l'évidence le culte de l'amitié. Le 23 juin 1974, il cite avec émotion dans son *Journal* les noms de ceux qu'il tutoie et que la mort ne lui a pas encore enlevés : Saint-John Perse, Darius Milhaud, le prince de Faucigny-Lucinge, Marcel Pagnol, Emmanuel Berl, Jean d'Ormesson, Serge Lifar, Jean Jardin et quelques autres.

Il n'a cessé de reconnaître, dans ses entretiens

ou ses correspondances, tout ce qu'il doit à certains êtres, insistant sur les noms de ceux qui, à ses yeux, auront le plus compté pour lui : son père dont, on l'a vu, la pensée sceptique l'a marqué ; Giraudoux, « un frère » ; Gabriel Voisin, le constructeur de voitures, dont Morand admirait le génie (en 1928, ils remontent ensemble en hydroglisseur le cours supérieur du Rhône, non navigable, ce qui a suscité une amusante chronique insérée dans *Papiers d'identité*) ; Philippe Berthelot qui, en tant que secrétaire général du Quai d'Orsay, fut son supérieur hiérarchique puis très vite son ami et qui semble avoir exercé sur Morand une véritable fascination physique et mentale. Jeune attaché d'ambassade, ce dernier s'en réfère constamment à celui qu'il considère comme un maître. Hommage rendu à ceux qui lui ont appris à être lui-même. Hommage et sincérité envers une existence qui l'a comblé : « J'ai eu une belle vie, [...] on m'a puni en 1944 de certains de mes choix et de mes privilèges », me disait-il. En 1945, il écrit à Charlotte Fabre-Luce : « Je ferai mon salut en art. » A-t-il alors conscience d'une nécessaire rédemption ? A Pierre Salinger, il avoue avec humilité : « Oui, j'ai eu peur à Londres en 1940 sous les bombes. » Et dans nos conversations de 1975, il affirme à plusieurs reprises : « Je crois avec Hélène (déjà défunte) en une après-vie » ; au fond, quelque chose qui ressemble à une foi, ou tout au moins, à une espérance.

Curieusement Paul, qui ne se trouvait concerné par aucune forme de croyance, avoue dans une lettre à Chardonne de 1967, ne s'être senti lié au catholicisme, dans lequel il avait été baptisé, que par les rites. C'est donc qu'il y avait malgré tout un lien. Indubitablement, c'est un des aspects de l'Espagne qui l'aura fasciné et il retourne d'ailleurs plus d'une fois à Séville pour la Semaine sainte, notamment avec mes parents qui le voient brûler à la dérobée des cierges dans les églises…

S'il refuse l'allégeance religieuse, il n'en est pas moins sensible à l'irrationnel. Le côté médium de Mademoiselle Y, La Folle, présente si longtemps auprès du couple, n'a pas manqué de l'intéresser. Il m'a raconté qu'un jour qu'il traversait avec elle un paysage aride de Castille, elle entra en transe, répétant sans cesse :

« Tous ces morts, tous ces morts !

— Où ça ? questionna Paul.

— Là, sous nos pieds ! »

Et, s'informant peu après cette scène étrange,

ils apprirent que le champ qu'ils avaient foulé avait été le théâtre de l'un des combats les plus sanglants de la guerre civile.

Par amour pour Hélène, qu'il avait épousée à l'église orthodoxe grecque de Paris, Paul se rapprocha beaucoup les dernières années de sa vie de cette confession où il retrouvait, de surcroît, une sacralité et un sens des rites alors quasiment disparus de l'Eglise romaine. Il demanda au métropolite de la rue Georges-Bizet, monseigneur Meletios, à être accueilli au sein de la communion orthodoxe, troublé à l'idée d'être infidèle à la piété de sa mère qui allait à la messe, ravi toutefois de « vexer » (*sic*) le clergé catholique qu'il n'aimait pas.

On sait qu'il manifesta par testament le désir que ses cendres fussent inhumées, mêlées à celles d'Hélène, dans le tombeau de la famille Economo [1], au cimetière grec orthodoxe de Trieste, dans « cette foi orthodoxe vers quoi Venise m'a conduit, une religion par bonheur immobile qui parle encore le premier langage des Evangiles [2] ».

---

1. Branche de la famille de sa femme, née Hélène Chrisoveloni
2. Derniers mots de *Venises*, Gallimard.

Qui donc fut Morand?

« Qui êtes-vous pour proférer une telle opinion ? lui lança un jour ma mère dans une discussion d'idées un peu vive.

— Je ne sais pas qui je suis », laissa tomber Paul de façon lapidaire, ce qui était, une fois encore, une fuite, mais peut-être aussi un aveu.

Les portraits que ses amis peintres ont faits de lui pourraient être l'expression des ambiguïtés et des facettes de cet homme insondable : Marie Laurencin, Jacques-Emile Blanche, Valentine Hugo, Raymonde Heudebert, Jean Cocteau, d'autres encore, auront tour à tour dévisagé le jeune poète, le dandy, le masque d'Asiate cachant, sous des traits immobiles, le perpétuel état d'alerte de ses sens et de son esprit.

Léger, profond ? Sans doute les deux puisque chez lui, on l'a vu, tout apparaît, tout se construit en contrastes. Je serais enclin à dire que pour aimer Morand, aussi bien l'œuvre que l'homme, il faut aimer la peinture et aussi cet art total qu'est l'architecture : couleurs, lumière, contrastes, cadrage et organisation de l'espace, rythme, cadence, capacité dramatique, Morand fut un écrivain solidaire des autres modes de création. Successivement moderne par ce qu'on a appelé son rythme « jazzé », ses phrases courtes et tranchantes, ses ellipses ; maniériste par l'acidité des couleurs, l'élégance, la pose ; et pour finir classique ou plus exactement baroque, mais à la manière du XVIIᵉ siècle français, par l'ampleur du répertoire et du vocabulaire, les audaces maîtrisées, le sens du tragique.

Contrairement à son œuvre, et ici il y aurait hiatus, l'homme, au fond, se révélait désuni, comme peut l'être un cheval que son cavalier n'a pas placé. Serait-ce à l'origine de son amour de l'art équestre ? De son propre aveu, celui-ci aura été, avec l'écriture, l'une de ses plus grandes joies, celles-là seules que procurent l'apprentissage, jamais achevé, et la pratique constante d'une discipline résultant de la nécessité.

En consacrant une de ses nouvelles à *Histoire de Caïd, cheval marocain*, Morand jubile pour décrire un cheval d'exception. Et il le fait avec une incroyable sensualité. Lorsqu'il accepte en 1966 de réunir les textes d'une *Anthologie de la littérature équestre*, somptueusement illustrée[1], il achève de dévoiler une passion, sous-jacente dans un grand nombre de ses ouvrages.

---

1. Olivier Perrin éditeur, 1966.

Paul Morand

Dès 1936, Paul Morand avait révélé dans
Milady son amour du cheval, sa connaissance
parfaite de toutes les subtilités du dressage et de
la psychologie du cavalier, en l'occurrence celle
de l'officier de cavalerie. Qu'a-t-il mis de lui
dans le personnage du commandant Gardefort,
officier du Cadre noir à Saumur ? Cette quête
d'une perfection jamais atteinte, ce sens du rite,
du rôle à tenir sans concessions, ce mélange de
douceur envers l'animal, comme envers tout ce
qui émane de la nature, et de condescendance
envers l'humain, cette fierté, cette hauteur, ce
goût de se tenir droit jusqu'au bout, cet art de
relâcher les rênes sans jamais en perdre le com-
mandement, le défi face à l'adversité, une forme
de désespoir, enfin, conjurée par l'amour.

Quel homme mieux que le très regretté
Jacques Dufilho pouvait-il interpréter ce rôle
dans l'adaptation que François Leterrier fit de
cette nouvelle pour le petit écran ? Le hasard,
ou ce que nous appelons tel, a voulu que le film,
que Paul avait eu le temps de voir en privé et
auquel il avait offert l'hommage d'une pleine
approbation, soit projeté publiquement deux
jours avant sa mort, en juillet 1976.

Dans un entretien accordé à la presse peu
avant sa propre disparition, Jacques Dufilho,

ce comédien hors normes qui fut aussi un cavalier émérite, ce mystique qui avait une âme de chevalier, affirmait : « Ecrire unifie. »

Paul Morand, je le crois, n'eût pas renié cette profession de foi qui pourrait être son épitaphe

EN GUISE DE CONCLUSION

Comment conclure ce portrait d'un homme qui, toute sa vie, s'est évertué à précipiter les achèvements ? A y bien réfléchir, l'idée me vient que toute cette impatience, cette hâte, cette lassitude précoce de ce qui, une fois obtenu, avait été le plus convoité, cet ennui vite survenu en présence des êtres même les plus aimés, cette pulsion « d'être ailleurs », comme il le confessait sans détour, qu'au fond tout cela procédait d'un mal inavoué : ne pouvoir se résoudre à exister ici et maintenant, par conséquent à soutenir le regard d'autrui, à accepter d'être cerné, piégé par ce regard, pour tout dire, identifié. D'où la peur d'être «pris» par l'autre, d'être considéré fixement sous un certain jour, celle d'être engagé à faire ou ne pas faire, risquer sa liberté.

Pour employer un langage de psychologue,

la question a souvent été posée de savoir si cet homme mal aimé d'un certain nombre de ses contemporains n'avait pas été un enfant ayant manqué d'amour. Son éducation, le milieu, l'époque dans lesquels il avait grandi pourraient le suggérer mais cette hypothèse est largement démentie par la façon dont il évoquait ses relations avec ses parents, empreintes de confiance et d'affection.

La réponse ne se situe-t-elle pas finalement dans le domaine du caractère et de celui du cœur ? On l'aura compris, le portrait que je me suis efforcé de faire ici, bâti sur les paradoxes extrêmes d'un personnage tout en ombres et lumière, ne pouvait occulter les failles et se cantonner à l'éloge. Si Paul avait, dit-on, peu de compassion pour le malheur autour de lui (« je ne connaissais pas le remords social », avoue-t-il), j'ai pour ma part été ému par ses soixante ans d'amour pour Hélène, jamais démenti ; je l'ai vu partager le chagrin de ceux qu'il s'était choisis pour amis, ou courir à l'autre bout du pays pour trouver le médicament qui soignerait une humble personne de son entourage ; et en lui, plus que tout, j'ai aimé cet élan de tendresse toujours contenu et qui soudain perçait tout à coup au détour d'une phrase, par exemple dans son discours de réception à l'Académie, en 1968, lorsqu'il proclame : « Comment dire à cette jeunesse qui refuse qu'on l'aime que l'on voudrait tout simplement lui ouvrir les bras ? » Paternité offerte à une génération qui, vingt ans plus tard, en viendra, par beaucoup de ses représentants, à redécouvrir ses livres avec ferveur.

Avec eux, en effet, cet évadé de toujours nous a laissé une sorte de jeu de piste merveilleux où, comme dans *Feu monsieur le duc*, les enfants que nous sommes découvrent par hasard le testament caché qui les fait héritiers du rêve.

Paul Morand est-il dans ses livres, pouvons-nous réellement l'y trouver ? Mais il y est partout présent, dissimulé, pudique ; c'est un guetteur, celui qui parfois regarde aussi par les trous de serrure : il est à New York, nous tenant par la main pour nous faire découvrir la ville en 1930 ; avec nous dans les sables rouges de Tombouctou ; avec nous sur le cargo mixte de *La Route des Indes* passant devant Malte au petit jour ; avec nous au sein des complots qui se trament aux confins de deux empires américains à la fin du XVIIIᵉ siècle ; ou encore en Chine dans la Cité interdite pendant la guerre

civile ; ou dans l'étau de la Terreur révolution-
naire en Vendée.

L'homme que l'on a brocardé, parce qu'il
répugnait à se livrer à ses semblables, s'est
donné sans réticence à ceux qui le lisent comme
le pilote d'une immense exploration du monde
à travers le temps et l'espace. Au moment de
clore le dernier chapitre du *Nouveau Londres*[1],
après avoir revisité la ville en 1962, Paul laisse
vagabonder sa pensée :

« Au mois de mars 1909, il y a cinquante-
trois ans, un *punt* descendait la Tamise, à
Oxford ; le jeune homme qui poussait son
bateau y mettait tant d'énergie que sa perche
demeura engravée dans le fond ; il y resta suspendu, pendant que le *punt* continuait sa
route... Ce jeune homme, c'était moi. Ainsi
continue le cours du temps, alors que je reste
seul, suspendu dans le vide, avant de tomber à
l'eau. »

Tandis que l'esquif, que je vois portant
l'œuvre de sa vie, était entraîné sans lui dans le
« cours du temps », l'homme restait seul, devant
son destin. Peu après sa mort, j'apprenais que,
par testament, Paul m'avait dévolu avec cer-

---

1. Librairie Plon, 1962 & 1990.

tains droits la mission de veiller à ce qu'allait devenir son œuvre. C'était, avec ces quelques moments passés en sa compagnie, le plus beau des cadeaux. Je le retrouve chaque fois que j'ouvre un de ses livres, sous l'une de ses mille facettes. En rentrant de ses obsèques, à Paris, j'ouvris un exemplaire de *Venises* qu'il m'avait dédicacé en août 1971 :

« A mon filleul Gabriel Jardin, je lui laisse Venise ; qu'il la protège ; et aussi mon souvenir, qu'il veille sur lui. »

Table

Achevé d'imprimer sur les presses de

BUSSIÈRE

GROUPE CPI

à Saint-Amand-Montrond (Cher)
en juillet 2006
pour le compte des Éditions Grasset,
61, rue des Saints-Pères, 75006 Paris.

Mise en pages : Bussière

N° d'édition : 14484. — N° d'impression : 062566/1.
Première édition : dépôt légal : avril 2006.
Nouveau tirage : dépôt légal : juillet 2006.

Imprimé en France

ISBN : 2-246-70091-4

www.ingramcontent.com/pod-product-compliance
Lightning Source LLC
Chambersburg PA
CBHW072332150726
47998CB00017B/499